GERMAN AT WORK

a second stage course for adults

GERMAN AT WORK a second stage course for adults

by W Pache, F T C Carter, P G Gorst, J D Manton
Loughborough University of Technology

University of London Press Ltd

Acknowledgments

Photographs are reproduced by courtesy of the following:
German Embassy in London (pp. 21, 33, 55, 64, 67, 124);
Paul Popper (p. 77); Ellard Educational Visuals (p. 91);
Bundesbildsterk, Bonn (p. 31); Bundesministerium für
das Post– und Fernmeldewesen (p. 119).
The publisher wishes to thank the following for
permission to reproduce copyright material:
Badische Anilin- & Soda-Fabrik AG (p. 142); C. H.
Beck'Sche Verlagsbuchhandlung, München (p. 114).

ISBN 0 340 15046 7

University of London Press Ltd
St Paul's House, Warwick Lane, London EC4P 4AH

Printed and bound in Great Britain by
Hazell, Watson & Viney Ltd, Aylesbury, Bucks

Preface

This is a course in spoken German which tries to use some of the specialist language of commerce and technology in a general way. A second stage course, it begins with a thorough revision of all the basic grammar and everyday vocabulary required for 'O' Level GCE, and progresses increasingly in the direction of general industrial, commercial and simple technological vocabulary. It was produced with a teacher and language laboratory or tape recorder in mind, but has also been used successfully by students working alone.

The course is designed to cover one year, assuming approximately three hours' contact per week. Each chapter concentrates on one major grammatical point and contains the following:

1. A dialogue (in some cases a monologue) which is the 'meat' of each chapter. The aim here has been to produce 'real' German, using short utterances for ease of repetition, with as many examples as possible of the grammatical structures taught in the chapter.

2. A full vocabulary list, giving plurals, verb changes, prepositional uses etc., which is kept with the relevant chapter for ease of reference. Likewise, for ease of reference it was considered worthwhile to repeat some of the vocabulary already given in previous chapters.

3. A set of comprehension questions based on the dialogue, for use in class or as written exercises. Each exercise has a supplementary section with more general questions which can be answered in several sentences. The aim is to extend the use of vocabulary beyond the situation of the chapter in which it appears. These questions are useful as written exercises – miniature essays in some cases.

4. Exercises or drills, designed for oral class or language laboratory use. These practise the grammar of each chapter, using mainly vocabulary taken from the same chapter or previous chapters. They are basically pattern drills, each answer is therefore similar in pattern to the answer given in the example at the beginning of each exercise. The obvious dangers involved in using such drills are that students *can* learn to produce the correct answer without understanding it, and that exercises can be very boring. We have attempted to alleviate the boredom by making the stimulus-response pattern as far as possible a 'real' or at least plausible miniature conversation. It is important in many drills to use an element of emotion in the stimulus-response pattern, e.g. surprise, annoyance, etc. In many cases we have also introduced a small 'fixed increment' element into the response. This aids credibility, as well as practising idiomatic conversational elements like *wohl, ja, doch,* etc. The danger of the student producing the correct answer without understanding it can be avoided by covering the drills in class only *after* the dialogue has been gone through. If the drills are to be used in the language laboratory, a ten-minute introduction in class session can save having to answer the same question sixteen times over during the later monitoring session. A follow-up group oral revision/extension session also seems desirable, as a final check of comprehension.

5. A short passage in German, in anecdotal style, amplifying the grammar and structures of the chapter in which it appears. These have been found useful as dictation passages, comprehension pieces, as rapid oral translation pieces in class or laboratory. In some of the later chapters there are two-language conversations which can also be used as oral or written exercises.

6. A short passage in English, again in conversational style; it is based very closely in every case on the vocabulary and structures of the *preceding* chapter. These too are to be seen as final revision exercises for class, laboratory, or writing.

7.   Grammar notes containing an explanation in English of the points dealt with in the chapter.

Tape recordings are expensive, often unnecessarily so. In using any commercial course there seems no reason why the teacher should not use his own voice for the exercises. With most language laboratories, it is possible to do this in the lesson itself by using 'microphone-record' to record the questions or stimuli, directly onto the students' tapes. This represents not only a financial saving, but means also that the teacher can vary the length of the pause for student answer, according to the ability of the average student in the class concerned. All that the teacher really needs is one recording of the dialogue at normal speed, and one exploded version.

Special thanks are due to Mrs A. Bott for her patient and painstaking work on the manuscript, and to colleagues at the Loughborough University of Technology for their helpful criticism.

CONTENTS

List of Plates

___

Dialog   *Der erste Tag in München*

Robert Jones hat den ersten Tag seines Urlaubs in München verbracht. Familie Schmidt hat ihn abends eingeladen. Er steht pünktlich um acht Uhr vor der Haustür und läutet. Herr Schmidt, der Gastgeber, öffnet die Tür.

Schmidt	1	Grüß Gott, Herr Jones. Fein, daß Sie schon da sind. Haben Sie den Weg gut gefunden?
Jones	2	Guten Abend, Herr Schmidt. Danke, es ist nicht schwer gewesen. Ich bin vor dem Hotel in die Straßenbahn eingestiegen und bis hierher gefahren.
Schmidt	3	Das freut mich. Bitte legen Sie doch ab. Hier geht's ins Eßzimmer. Meine Frau hat schon den Tisch gedeckt. Sie ist noch in der Küche, glaube ich.
Jones	4	Herzlichen Dank für Ihre Einladung. Ich bin, ehrlich gesagt, ziemlich hungrig. Der Tag war recht anstrengend.
Schmidt	5	Haben Sie schon viel von München gesehen?
Jones	6	Ich habe mir vor allem die Innenstadt und das Hofbräuhaus angesehen.
Schmidt	7	Das tun die meisten. Wahrscheinlich haben Sie Ihren Rundgang am Karlsplatz begonnen.
Jones	8	Nein, ich bin zum Marienplatz gefahren und habe dort das Glockenspiel am Rathaus gehört.
Schmidt	9	Was haben Sie dann gemacht?
Jones	10	Dann bin ich zu Fuß durch die Theatinerstraße zum Odeonsplatz gegangen.
Schmidt	11	Was hat Ihnen dort am besten gefallen?
Jones	12	Die Feldherrenhalle und die Theatinerkirche.
Schmidt	13	Haben Sie schon Pläne für morgen?
Jones	14	Ja, ich habe mir schon etwas überlegt. Ich könnte ins Museum gehen.
Schmidt	15	Da haben Sie viele Möglichkeiten hier in München. Ich empfehle Ihnen das Deutsche Museum. Sie sind doch Techniker, nicht wahr?
Jones	16	Ganz richtig. Ich habe bisher zwei Jahre Maschinenbau in England studiert. Vom Deutschen Museum habe ich natürlich gehört.
Schmidt	17	Entschuldigen Sie, Herr Jones, wenn ich Sie unterbreche. Das Essen ist fertig. Da kommt meine Frau mit der Suppe. Anna, darf ich dir Herrn Jones vorstellen, unseren Gast aus England?

Vocabulary

ablegen(sep) *to take off hat and coat*
legen Sie bitte ab *please take your hat and coat off*
sich ansehen(sep) *to have a look at*
anstrengend *strenuous*
beginnen, -, begann, hat begonnen *to begin*
bis hierher *as far as here*
bisher *up to now; so far*
decken *to cover*
den Tisch decken *to lay the table*
doch (*used for emphasis*)
Sie sind doch Techniker, nicht wahr? *You are a technologist, aren't you?*
ehrlich *honest*
ehrlich gesagt *in all honesty*
einladen(sep), lädt ein, lud ein, hat eingeladen *to invite*
Einladung(en)(die) *invitation*
einsteigen(sep), -, stieg ein, ist eingestiegen *to get in*
empfehlen, empfiehlt, empfahl, hat empfohlen *to recommend*
entschuldigen *to excuse*
entschuldigen Sie *excuse me*
Feldherr(en)(der) *commander-in-chief*
freuen *to delight; make glad*
das freut mich *I'm glad about that*
Gastgeber(-)(der) *host*
gefallen, gefällt, gefiel, hat gefallen(+dat) *to please*
was hat Ihnen am besten gefallen? *what did you like best?*
gewesen (*past participle of* sein = *to be*)
Glocke(n)(die) *bell*
Glockenspiel(das) *chimes, carillon*

Grüß Gott (*S. German*) = Guten Tag
herzlich *hearty, cordial*
herzlichen Dank *very many thanks*
Hof("e)(der) *court*
Hofbräuhaus(das) *Court Brewery*
Innenstadt ("e)(die) *town centre*
ich könnte *I might*
Maschinenbau(der) *engineering*
meist *most*
die meisten (Leute) *most people*
möglich *possible*
Möglichkeit(en)(die) *possibility*
Rathaus("er)(das) *town hall*
recht *really*
richtig *right, correct*
Rundgang("e)(der) *circular tour*
schwierig *difficult*
Techniker(-)(der) *technologist*
sich überlegen(insep) *to consider*
ich habe mir schon etwas überlegt *I've already thought of something*
unterbrechen(insep), unterbricht, unterbrach, hat unterbrochen *to interrupt*
Urlaub(der) *holiday; leave*
verbringen, -, verbrachte, hat verbracht *to spend (time)*
vor allem *particularly*
vorstellen(sep) *to introduce*
darf ich Ihnen Herrn J. vorstellen? *may I introduce Mr. J.?*
wahrscheinlich *probable*
Weg(e)(der) *way; path; road*
ziemlich *rather; fairly*

Fragen

A
1. Wie heißt der Engländer?
2. Wo verbringt er seinen Urlaub?
3. Ist er schon lange in München?
4. Warum besucht er die Familie Schmidt?
5. Wer öffnet ihm?
6. Wer ist Herr Schmidt?
7. Hat Herr Jones den Weg gut gefunden?
8. Ist er zu Fuß gekommen?
9. Wo ist er in die Straßenbahn eingestiegen?
10. In welches Zimmer geht er mit dem Gastgeber?
11. Wo ist das Glockenspiel?
12. Wie hat dem Engländer die Theatinerkirche gefallen?
13. Hat er schon einen Plan für morgen gemacht?
14. Wo hat Herr Jones studiert?
15. Warum ist Frau Schmidt ins Zimmer gekommen?

MÜNCHEN

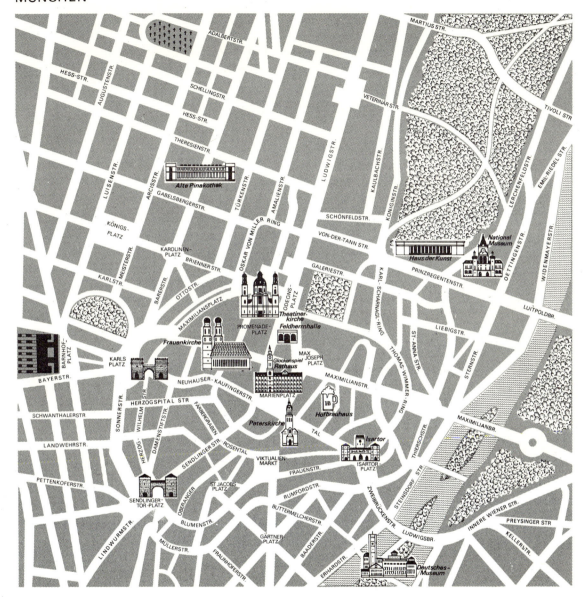

B   Write two or three sentences in answer to each of the following:

16. Beschreiben Sie die Sehenswürdigkeiten Ihrer Heimatstadt.

17. Welchen Weg geht Herr Jones vom Hotel zum Odeonsplatz?

18. Beschreiben Sie, wie man einen Tisch deckt! (N.B. das Messer, die Gabel, der Löffel= das Besteck)

19. Was findet man in einem technischen Museum?

20. Beschreiben Sie genau Ihren Weg zur Universität (Schule, Institut) und das, was Sie gesehen haben. (Bus, Straßenbahn, Zug, Rad, – Kirche, Geschäftsstraßen, usw.)

Drills

DRILL 1   Perfect tense: Weak verbs

Beispiel: Herr Schmidt besucht heute das Museum.

Antwort: Aber Herr Schmidt hat auch gestern das Museum besucht.

Now begin:
1. Herr Schmidt besucht heute das Museum.
2. Die Glocken läuten heute so lange.
3. Er sagt es Hans heute.
4. Wir haben heute so viel zu tun. (Sie)
5. Er lernt heute Englisch.
6. Ich höre heute ein Konzert im Radio. (Sie)
7. Er macht heute einen langen Spaziergang.
8. Seine Frau kocht heute nicht.

DRILL 2   Perfect tense: Strong verbs + [*sein*]

Beispiel: Fahren Sie oft nach München?

Antwort: Ja, aber diese Woche bin ich nicht nach München gefahren.

Now begin:
1. Fahren Sie oft nach München?
2. Gehen Sie oft ins Museum?
3. Fliegen Sie oft nach London?
4. Sind Sie oft im Ausland?
5. Gehen Sie oft ins Kino?
6. Bleiben Sie oft so lange?
7. Fahren Sie oft mit der Straßenbahn?
8. Steigen Sie oft auf den Turm?

DRILL 3   Perfect tense: Strong verbs + [*haben*]

Beispiel: Ich möchte Herrn Schmidt sprechen.

Antwort: Ich habe Herrn Schmidt lange nicht gesprochen.

Now begin:
1. Ich möchte Herrn Schmidt sprechen.
2. Wir möchten Hans sehen.
3. Ich möchte in einem Bett schlafen.
4. Ich mochte meinen Freund einladen.
5. Sie möchte um 7 Uhr beginnen.
6. Er möchte diesen Wein trinken.
7. Er möchte Sauerkraut essen.
8. Er möchte Karl schreiben.

DRILL 4   Perfect tense: All forms

Beispiel: Wäre es nicht besser, das Hofbräuhaus zu besuchen?

Antwort: Ich *habe* doch das Hofbräuhaus besucht!

Now begin:
1. Wäre es nicht besser, das Hofbräuhaus zu besuchen?
2. Wäre es nicht besser, den Tisch zu decken?
3. Wäre es nicht besser, nach Berlin zu fahren?
4. Wäre es nicht besser, Herrn Jones zu suchen?
5. Wäre es nicht besser, das Glockenspiel anzuhören?
6. Wäre es nicht besser, Pläne für morgen zu machen?
7. Wäre es nicht besser, seine Frau einzuladen?
8. Wäre es nicht besser, die Universität zu besichtigen?

DRILL 5   Perfect tense: All types

Beispiel: Das Museum besuchen

Antwort: Ich *habe* ja das Museum besucht!

Now begin:
1. Das Museum besuchen
2. Maschinenbau studieren
3. Einen Spaziergang machen
4. Nach London fliegen
5. Mit der Straßenbahn fahren
6. Das Postamt finden
7. Die Zeitung lesen
8. Das Essen kochen

DRILL 6   Prepositions + Dative

Beispiel: Herr Jones kommt aus (die Universität)

Antwort: Herr Jones kommt aus der Universität.

Now begin:

Herr Jones kommt aus
1. die Universität
2. das Zimmer
3. der Zug
4. ein Hotel

Das Taxi fährt zu
5. der Bahnhof

6. die Haltestelle
7. eine Garage

Ich unterhalte mich mit
8. ein Herr
9. meine Freunde
10. diese Kinder

DRILL 7   Oral/Written Translation/Dictation

Es ist nicht schwierig gewesen,//den Marienplatz zu finden.// Ich bin vor dem Hotel in die Straßenbahn gestiegen,//habe 80 Pfennig bezahlt,//und bin direkt zum Marienplatz gefahren.// Ich habe dann einen kleinen Spaziergang gemacht,//denn ich hatte bis 8 Uhr noch zwanzig Minuten Zeit;//anschließend habe ich in einem kleinen Café Kaffee getrunken.//Um 8 Uhr bin ich zur Wohnung von Herrn Schmidt gegangen,//denn er hat mich zum Abendessen eingeladen.

Grammar   *Perfect*

The Perfect Tense is formed in both German and English from two elements: an auxiliary verb and a past participle:

AUXILIARY	PAST PART.	AUXILIARY	PAST PART.
ich habe	*gehört*	I have	heard
du hast	*gehört*	you have	heard
er hat	*gehört*	he has	heard
etc.		etc.	

1.   PAST PARTICIPLES OF 'WEAK' VERBS
'Weak' verbs, i.e. verbs which form their various tenses regularly, make their past participle in the following manner:

> *hören –* **ge***hört*
> *machen –* **ge***macht*
> *arbeiten –* **ge***arbeit***et**

NOTE.   *a.* Past participle begins with **ge-**
       b. The stem remains unchanged
       c. Past participle ends in -**(e)t**.

All weak verbs have an unchanged stem, and a characteristic **t** in their past tenses.

2.   PAST PARTICIPLES OF 'STRONG' VERBS

'Strong' verbs, i.e. verbs having a stem change in at least one of their tenses and lacking the 'weak' *t* in their past tenses, form their past participles in a variety of ways:

sehen – gesehen	*gehen – gegangen*
finden – gefunden	*sein – gewesen*

NOTE.   *a.* Past participle begins with **ge-** (cf. weak verbs above)

   b. The stem may *either* remain unchanged (e.g. **gesehen**)

   or change slightly (e.g. **gefunden**)

   or change more radically (e.g. **gegangen**, **gewesen**)

   c. Past participle ends in **-en**

The basic tenses of all the strong verbs used in this course are indicated alphabetically in the verb list at the back of the book. Frequent reference to this list is recommended.

3.   MORE ABOUT PAST PARTICIPLES

   a.   Separable verbs insert **-ge** between prefix and stem:

   ein/steigen – eingestiegen   *vor/stellen – vorgestellt*

   b.   Inseparable and *-ieren* verbs have no **ge-**:

beginnen – begonnen	*studieren – studiert*
vergessen – vergessen	*telefonieren – telefoniert*

   c.   There are a few verbs with stem changes and also the 'weak' *t*; such 'irregular weak' verbs are also found in the strong verb list referred to above (para. 2):

*verbringen – ver**bracht***	*kennen – ge**kannt***
*wissen – ge**wußt***	*müssen – ge**mußt***

   d.   Past participles stand at the end of the clause.

4.   AUXILIARY VERBS: **haben** *oder* **sein**?

   a.   All transitive and reflexive verbs take **haben**. So do a large number of intransitive verbs:

   Transitive: *ich **habe** die Stadt gesehen*

   Reflexive: *ich **habe** mich gewaschen*

   Intransitive: *ich **habe** lange gewartet*

   b.   Intransitive verbs denoting a change of place or state take **sein**:

   Intransitive, change of place: *ich **bin** zum Odeonsplatz gefahren*

   Intransitive, change of state: *ich **bin** müde geworden*

   Sein itself, and **bleiben** (to remain), also take **sein**:

   sein: *ich **bin** gewesen*   **bleiben**: *ich **bin** geblieben*

NOTE ON MAKING INTRODUCTIONS

If you wish to introduce Fräulein Braun to Herr Müller, you say: '*Darf ich bekanntmachen? Herr Müller – Fräulein Braun.*'

If you wish to introduce a younger person to someone considerably older, or to someone of higher standing, the more usual formula is: '*Darf ich **vorstellen**? Fräulein Braun – Herr Doktor Müller.*'

The parties concerned shake hands and at the same time each announces merely his own or her own surname. Frequently a man will also incline his head.

It is *not* customary, on such a first meeting, to say '*Wie geht es Ihnen?*' This is used on subsequent meetings.

Dialog   *Erinnerst du dich noch?*

Zwei junge Engländer, Philip und Edward, sitzen im Schnellzug von Ostende über Köln nach Wien. Sie unterhalten sich über ihre letzte Reise. Sie sind im vorigen Sommer in Deutschland gewesen.

Philip	Erinnerst du dich noch, Edward? Vor ungefähr einem Jahr besuchten wir Wolfgang in Berlin.
Edward	Es war Mitte September. Stimmt das? Wolfgang hatte grade die Diplomprüfung bestanden. Er war damals Assistent an der Technischen Universität.
Philip	Das ist lange her. Aber ich kann mich noch gut erinnern. Schon die Fahrt war ein Erlebnis.
Edward	Am Anfang war sie ziemlich anstrengend. Wir standen doch immer im Gang. Wenigstens von Köln bis Hannover.
Philip	Und warum? Hattest du nicht vergessen, vorher Plätze zu reservieren? Im Reisebüro, meine ich?
Edward	Das stimmt, Philip. Aber warum? Du hattest mich nicht daran erinnert.
Philip	Ich gebe es auf. Du weißt immer eine Antwort. Heute ist der Zug zum Glück nicht so voll.
Edward	Und pünktlich. Damals waren wir zu spät in Ostende abgefahren.
Philip	In Berlin hatten wir eine Stunde Verspätung. Wolfgang wartete natürlich nicht mehr auf dem Bahnsteig.
Edward	Aber er war trotzdem noch da. Er hatte nur in der Bahnhofsgaststätte ein Bier bestellt.
Philip	Nach einer guten halben Stunde trafen wir uns endlich. Wir hatten schon ein Taxi gerufen.
Edward	Dann trug Wolfgang unsere Koffer zu seinem Wagen. Leider hatte er vor dem Bahnhof falsch geparkt . . .
Philip	Und ein Polizist war vorbeigekommen und hatte ihn aufgeschrieben.
Edward	Wolfgang mußte fünf Mark zahlen. Er sagte trocken: das macht nichts. Für euch ist mir nichts zu teuer.
Philip	Wolfgangs Zimmer lag in Dahlem, nicht wahr?
Edward	Nein, er wohnte in Tegel. Er war doch ein paar Wochen vorher umgezogen.
Philip	Ach, das hatte ich ganz vergessen. Am nächsten Morgen zeigte er uns die Labors und Hörsäle, und seinen Arbeitsplatz.
Edward	Du, Philip, schau mal. Da ist schon der Dom. Jetzt sind wir gleich da.

Vocabulary

abfahren(sep), fährt ab, fuhr ab, ist abgefahren
  to depart
aufgeben(sep), gibt auf, gab auf, hat aufgegeben
  to give up
ich gebe es auf! *I give up!*
aufschreiben(sep), -, schrieb auf, hat aufgeschrieben
  to write down; take someone's name and address,
  'book' someone
Bahnsteig(e)(der) *platform*
bestehen, -, bestand, hat bestanden *to pass*
  (exam.)
bestellen *to order (meal, etc.)*
damals *at that time; on that occasion*
Diplom(e)(das) *diploma*
Diplomprüfung(en)(die) *qualifying exam.*
Dom(e)(der) *cathedral*
erinnern an (+acc.) *to remind*
sich erinnern an (+acc) *to remember*
Erlebnis(se)(das) *experience*
falsch *wrong*
Gaststätte(n)(die) *buffet*
g(e)rade *just recently; just now*
gleich *immediately; directly*
Glück(das) *luck; happiness*
zum Glück *fortunately*
Hörsaal(der)(pl. Hörsäle) *lecture room*
Labor(s)(das) (*short for 'Laboratorium*) *lab*
lange her *a long time ago*
leider *unfortunately*
liegen, -, lag, hat gelegen *to lie*
das macht nichts *that doesn't matter*
meinen *to think; mean; say*
nächst *next*
am nächsten Morgen *the next morning*
ein paar *a few*
Polizist(en)(der) *policeman*
Reisebüro(s)(das) *travel agency*

rufen, -, rief, hat gerufen *to call*
schauen *to look*
schau mal! *just look!*
schon die Fahrt *even the journey*
stehen, -, stand, hat gestanden *to stand*
stimmen *to be right*
das stimmt *that's right*
teuer *dear; expensive*
tragen, trägt, trug, hat getragen *to carry; wear*
(sich) treffen, trifft, traf, hat getroffen *to meet*
  (each other)
trocken *dry*
trotzdem *nevertheless*
über Köln *via Cologne*
umziehen(sep), -, zog um, ist umgezogen *to move*
  (house)
ungefähr *about; approximately*
sich unterhalten(insep), unterhält sich, unterhielt
  sich, hat sich unterhalten *to converse*
vergessen, vergißt, vergaß, hat vergessen *to*
  forget
Verspätung (die) *delay*
wir haben eine Stunde Verspätung *we're an hour*
  late
vor(+time expression in dative) *ago*
vor einem Jahr *a year ago*
vorbei *past, gone by*
vorbeikommen(sep), -, kam vorbei, ist vorbei-
  gekommen *to come past*
vorher *beforehand*
vorig *last; previous*
im vorigen Sommer *last summer*
wenigstens *at least*
wissen(ich, er weiß, du weißt), wußte, hat
  gewußt *to know*
zahlen *to pay*
zeigen *to show*

Fragen

A
1. Wie heißen die beiden Engländer?
2. Worüber unterhalten sie sich?
3. Wann sind sie zuletzt in Deutschland
   gewesen?
4. Wo waren sie damals?
5. Wen besuchten sie dort?
6. Wo arbeitete Wolfgang damals?

7. Welche Prüfung hatte er bestanden?
8. Erinnert sich Philip noch an jene Reise
   nach Berlin?
9. Was hatte Edward vergessen?
10. Ist der Zug wieder so voll wie damals?
11. Warum wartete Wolfgang nicht mehr auf
    dem Bahnhof?

12. Wo war er hingegangen?   14. Hatte er seinen Wagen richtig geparkt?
13. Was machte er in der Gaststätte?   15. Was hatte der Polizist gemacht?

B   Write two or three sentences in answer to each of the following:

16. Was wissen Sie über Wolfgang?
17. Was geschah letztes Jahr auf der Reise nach Berlin?
18. Beschreiben Sie Ihre interessanteste Urlaubsreise!
19. Gestern parkten Sie direkt vor dem Supermarkt in der Hauptstraße und ein Polizist kam vorbei. Was passierte?
20. Beschreiben Sie den Rundgang durch die Labors und Hörsäle!

Drills

DRILL 1   Imperfect tense: Weak verbs

Beispiel: Ich muß die Plätze reservieren

Now begin:
1. Ich muß die Plätze reservieren.
2. Ich muß ihm den Fahrplan zeigen.
3. Er muß die Theaterkarten bestellen.
4. Er muß die Strafe zahlen.

Antwort: Nicht nötig! Ich reservierte die Plätze vor zwei Stunden.

5. Wir müssen Herrn Schmidt besuchen.
6. Ich muß ihn daran erinnern.
7. Ich muß den Tisch decken.
8. Ich muß die Betten machen.

DRILL 2   Imperfect tense: Strong verbs

Beispiel: Er kommt ja zu spät!

Now begin:
1. Er kommt ja zu spät!
2. Er trinkt zu viel Bier!
3. Er vergißt seinen Koffer!
4. Sie unterhält sich mit dem Taxifahrer!

Antwort: Natürlich. Er kam auch gestern zu spät.

5. Er steht an der Ecke.
6. Er weiß die Antwort nicht!
7. Er fährt nach Berlin!
8. Das Wetter ist so schön!

DRILL 3   Imperfect tense: Separable verbs

Beispiel: Wissen Sie vielleicht, wann er vorbeikommt?

Now begin:
1. Wissen Sie vielleicht, wann er vorbeikommt?
2. Wissen Sie vielleicht, wann das Schiff abfährt?
3. Wissen Sie vielleicht, wann er seine Mutter abholt?
4. Wissen Sie vielleicht, wann der Zug ankommt?

Antwort: Nicht genau, aber gestern kam er um 6 Uhr vorbei.

5. Wissen Sie vielleicht, wann er anruft?
6. Wissen Sie vielleicht, wann er ausgeht?
7. Wissen Sie vielleicht, wann er heimfährt?
8. Wissen Sie vielleicht, wann er vom Büro hereinkommt?

DRILL 4   Pluperfect

Beispiel : Er hat nicht geschrieben?   *Antwort :* Ja, leider, er hatte die
(Adresse verloren)   Adresse verloren.

Now begin:
1. Er hat nicht geschrieben?   (Adresse verloren)
2. Der Polizist hat ihn aufgeschrieben?   (falsch geparkt)
3. Wolfgang war allein?   (Frau nach England gefahren)
4. Sie waren müde?   (nicht gut geschlafen)
5. Er wartete auf dem Bahnsteig?   (Zug verpaßt)
6. Er kam ohne Gepäck an?   (Koffer vergessen)
7. Die Engländer mußten im Gang stehen?   (Plätze nicht reserviert)
8. Sie konnten seine Wohnung in Dahlem nicht finden?   (nach Tegel umgezogen)

5   Oral/Written Translation/Dictation

Ich hatte leider vergessen,//meine Kusine vom Bahnhof abzuholen.// Das war dumm,//denn meine Mutter hatte mich am Morgen daran erinnert.// Ich mußte also so schnell wie möglich// mit meinem alten Wagen zum Hauptbahnhof fahren.// Ich bin zwanzig Minuten zu spät angekommen,//aber zum Glück//hatte der Zug Verspätung.// Ich habe noch zehn Minuten gewartet,//dann ist der Zug endlich angekommen,//aber keine Kusine.//Ich bin müde und hungrig nach Hause gefahren.// Ich habe meinen Wagen in die Garage gestellt//und bin ins Haus gegangen.// Ich habe solchen Hunger gehabt!//Aber meine Mutter hat mir sofort gesagt,// 'Du mußt gleich zum Bahnhof zurück.//Monika hat ein Telegramm geschickt.//Sie kommt jetzt zwei Stunden später.//Du hast gerade noch Zeit.'//

6   Translation (written or oral)—Revision of Chapter 1

I got on a tram outside the station//and went straight to the University.//I found my friend Hans//and we ate together,//then we went for a walk round the University.//I am spending my holidays in Munich.//I studied engineering in England//and found the laboratories in the University very interesting.//I did not always understand the language//but the machines were not so difficult.//

Grammar   *Imperfect and pluperfect*

The IMPERFECT tense in German covers
   1. a single action in the past, e.g. I *went*
   2. continuous action in the past, e.g. I *was going*
   3. repeated action in the past, e.g. I *used to go*

1.   WEAK (AND IRREGULAR WEAK) VERBS

besuch|**en**		**hab**|**en**	
ich **besuch**|**te**	I visited, etc.	*ich* **hat**|**te**	I had, etc.
du **besuch**|**test**		*du* **hat**|**test**	
er, sie, es **besuch**|**te**		*er, sie, es* **hat**|**te**	
wir **besuch**|**ten**		*wir* **hat**|**ten**	
ihr **besuch**|**tet**		*ihr* **hat**|**tet**	
sie, Sie **besuch**|**ten**		*sie, Sie* **hat**|**ten**	

NOTE. *a.* the characteristic **t**, which is a feature of all weak verbs in past tenses (cf. past
participle: *besucht, gehabt*, etc.)
   b. 1st and 3rd sing. are identical (*strong or weak*)
   c. weak verbs whose stem ends in *-d* or *-t*, insert *e* before imperfect endings, e.g.:
ich arbeitete, etc.

2.   STRONG VERBS

Sein

nehm|*en*		**steh**|*en*		**sein**
ich **nahm**| — I took,		*ich* **stand**| — I stood,		*ich* **war**| — I was,
du **nahm**|**st** etc.		*du* **stand**|**st** etc.		*du* **war**|**st** etc.
er, sie, es **nahm**| —		*er, sie, es* **stand**| —		*er, sie, es* **war**| —
wir **nahm**|*en*		*wir* **stand**|*en*		*wir* **war**|*en*
ihr **nahm**|*t*		*ihr* **stand**|*et*		*ihr* **war**|*t*
sie, Sie **nahm**|*en*		*sie, Sie* **stand**|*en*		*sie, Sie* **war**|*en*

NOTE. *a.* the absence of **t** before the endings (contrast weak verbs above)
   b. 1st and 3rd sing. identical, with no ending.

3.   PLUPERFECT
This tense is formed quite simply, with the imperfect of **haben** (or **sein**), plus the past
participle of the verb concerned:

   ich **hatte besucht** I *had* visited   *ich* **war gegangen** I *had* gone
                     etc.   etc.

NOTE. Those verbs take *sein* which (*a*) are intransitive, i.e., take no direct object;
                     and (*b*) denote a change of place or state.

4.   While written usage prefers the imperfect, some Germans, particularly in South Germany,
show a preference for the Perfect tense in everyday speech. Usage is anything but
consistent in this matter, and Germans have a tendency to mix perfects and imperfects
within the same sentence:
   Ich **habe** *ihn gestern* **gesehen**, *als ich in der Stadt* **war**.
   I *saw* him yesterday, when I was in the town.

   It follows from this that undue rigidity in translating German past tenses should be avoided;
the best translation is that which sounds best in English.

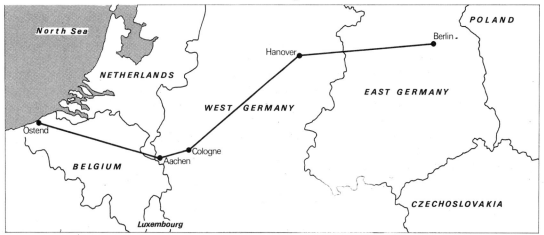

Dialog   *Der Hamburger Hafen von oben*

Herr Müller, ein junger Geschäftsmann aus Düsseldorf, hat eine kurze Reise nach Hamburg
gemacht. Bis heute mittag hat er alles erledigt. Ein alter Bekannter, Herr Hansen, und seine Frau
holen ihn vom Hotel ab. Sie steigen auf den hohen Turm der Michaeliskirche. Herr Hansen sagt:

Hansen	So, Herr Müller, wir sind oben auf dem 'Michel'. So nennen die Hamburger nämlich den Turm.
Müller	Schön hier oben. Ich glaube, der lange Aufstieg hat sich gelohnt.
Frau Hansen	Ist die Aussicht nicht großartig? Und das Wetter ist so warm und sonnig.
Müller	Sehen Sie mal. Im Hafen ist heute ziemlich viel los.
Hansen	Eigentlich nicht mehr als gewöhnlich.
Frau Hansen	Wirklich ein buntes Bild: Der blaue Himmel und die weißen Schiffe, grauer Rauch und hier und da ein roter Fleck.
Hansen	Klingt fast wie ein Gedicht. Aber du vergißt etwas, Lotte. Die Elbe mit ihrem schmutzigen Wasser.
Frau Hansen	Ja, das gehört natürlich auch dazu.
Müller	Ist es nicht erstaunlich? Ein wichtiger Hafen wie Hamburg liegt so weit von der offenen See entfernt.
Hansen	Ja, bis zur Küste sind es mehr als hundert Kilometer. Aber Hamburg gehört trotzdem zu den bedeutendsten Häfen der Welt.
Müller	Wie sieht das zahlenmäßig aus?
Hansen	Na, wenn Sie wollen. Im Jahre 1960 legten über 20 000 Schiffe an. Deutsche, englische, norwegische Frachter vor allem, und Passagierschiffe.
Müller	Das ist ja allerhand. Dort hinten sieht man graue und braune Docks und Krane. Eine Werft, nicht wahr?
Hansen	Ja, das ist Blohm & Voss. Eine alte, berühmte Firma, wie Sie wissen. Übrigens, Herr Müller, wie steht's mit Ihrer Besprechung?
Müller	Danke, es hat alles geklappt. Der Vertrag mit Schröder ist schon unterzeichnet. Wir haben auch über einen neuen Auftrag für nächstes Jahr verhandelt.
Hansen	Sehr erfreulich. Günstige Bedingungen?
Frau Hansen	Entschuldige, Helmut, wenn ich unterbreche. Könnt ihr das Geschäftliche nicht verschieben? Sie möchten sicher mehr von der Stadt sehen, Herr Müller?
Müller	Gern, Frau Hansen. Ich habe ja noch viel Zeit bis zum Abflug.
Frau Hansen	Gut. Erwarten Sie aber keine romantischen Gassen, spitzen Dächer und schmalen Häuser.
Hansen	Hamburg hat sich seit der Vorkriegszeit sehr verändert.
Müller	Das ist klar. Auch eine moderne Großstadt ist sehr eindrucksvoll.
Hansen	Gut, steigen wir hinunter.

Vocabulary

Abflug(¨e)(der) *take-off*
abholen(sep) *to fetch, 'pick up'*
allerhand; das ist ja allerhand! *that really is*
  something!
anlegen(sep) *to dock*
Aufstieg(der) *climb*
Auftrag(¨e)(der) *order*
Aussicht(en)(die) *view*
aussehen(sep) *to look (like)*
wie sieht es aus? *what's it like?*
Bedingung(en)(die) *condition*
Bekannte(der *or* die) *acquaintance*
  (*but :* ein Bekannter, i.e. *this word takes*
  adjective endings)
berühmt *famous*
Besprechung(en)(die) *discussion*
Bild(er)(das) *picture*
bis (zu) *until; up to; by*
bis mittag *by midday*

bunt *brightly coloured; gay*
Dach(¨er)(das) *roof*
eigentlich *actually*
Eindruck(¨e)(der) *impression*
eindrucksvoll *impressive*
entfernt *away; removed*
weit von der See entfernt *far away from the sea*
erledigen *to settle; to sort out*
erfreulich *gratifying*
sehr erfreulich *jolly good*
erstaunen *to surprise*
erstaunlich *surprising*
erwarten *to await; expect*
fast *almost*
Firma (Firmen)(die) *firm*
Fracht(die) *freight; cargo*
Frachter(-)(der) *freighter; cargo ship*
Gasse(n)(die) *narrow street; alley*
Gedicht(e)(das) *poem*

gehören + *dat.* *to belong to*
es gehört *mir* *it belongs to me*
gehören *zu* *to be one of, to be part of*
Hamburg gehört *zu* den bedeutendsten Häfen
    der Welt *Hamburg is one of the most important*
    ports in the world
Geschäft(e)(das) *business; shop*
gewöhnlich *usual(ly)*
glauben *to believe; think*
großartig *magnificent*
Großstadt(¨e)(die) *city*
Hafen(¨)(der) *port; harbour*
Himmel(der) *sky*
hinten *at the back; behind; in the background*
hinunter *down*
steigen wir hinunter! *let's climb down!*
hoch (c *drops out before a noun*) *high, tall*
klappen *to turn out well*
es hat alles geklappt *everything went fine*
klingen, -, klang, hat geklungen *to sound*
Kran(e)(der) *crane*
Krieg(e)(der) *war*
seit der Vorkriegszeit *since before the war*
kurz *short(ly)*
Küste(n)(die) *coast*
sich lohnen *to be worth while*
es hat sich gelohnt *it was worth while*
los *going on, happening*
heute ist viel los *there's a lot going on today*
mal *just (with commands)*
sehen Sie mal! *just look!*
nämlich *you see (indicates that a previous*
    statement is now being explained)
nennen, -, nannte, hat genannt *to name, call*
oben *up above; on top; upstairs*
offen *open*

die offene See *the open sea*
Rauch(der) *smoke*
Reise(n)(die) *journey; trip*
Schiff(e)(das) *ship*
schmal *narrow*
schmutzig *dirty*
seit + dat. *since*
sicher *sure(ly), certain(ly)*
spitz *pointed*
wie steht's mit Ihrer Besprechung? *how did*
    your talks go?
steigen, -, stieg, ist gestiegen *to climb, rise*
trotzdem *nevertheless*
Turm(¨e)(der) *tower*
übrigens *by the way*
unterbrechen(insep), unterbricht, unterbrach, hat
    unterbrochen *to interrupt*
unterzeichnen(insep) *to sign*
sich verändern *to change, alter*
Hamburg hat sich sehr verändert *Hamburg has*
    changed a lot
verhandeln *to negotiate*
verschieben, -, verschob, hat verschoben *to*
    postpone
Vertrag(¨e)(der) *contract*
vor allem *especially*
Vorkriegszeit(die) (*see* Krieg)
Welt (die) *world*
Werft(en)(die) *wharf, dockyard*
Wetter(das) *weather*
wichtig *important*
wirklich *really*
Zahl(en)(die) *number, figure*
zahlenmäßig *in terms of numbers*
ziemlich *rather, fairly*
ziemlich viel *plenty*

Fragen

A

1. Woher kommt Herr Müller?
2. Ist Hamburg sehr weit von Düsseldorf
    entfernt?
3. Hat er noch viel in Hamburg zu erledigen?
4. Wo wohnt er in Hamburg?
5. Wer holt ihn vom Hotel ab?
6. Kennt er Herrn Hansen schon?
7. Wie nennen die Hamburger den Turm der
    Michaeliskirche?

8. Warum lohnt sich der lange Aufstieg?
9. Was sieht man vom Turm?
10. Ist heute viel im Hafen los?
11. An welchem Fluß liegt Hamburg?
12. Wie weit ist es bis zur Küste?
13. Wieviel Schiffe legten 1960 dort an?
14. Waren es hauptsächlich Passagierschiffe?
15. Was für eine Stadt ist Hamburg heute?

B   Write two or three sentences in answer to each of the following:

16. Beschreiben Sie den Hamburger Hafen!
17. Was erzählt Herr Müller später seiner Frau über die Reise?
18. Warum ist Herr Müller nach Hamburg gereist?
19. Was kann man von dem Kirchturm in Ihrer Heimatstadt sehen?
20. Hat sich Ihre Heimatstadt seit dem Krieg sehr verändert?

Drills

DRILL 1   Adjective endings: No article

Beispiel: Das Brot ist nicht frisch!

Now begin

1. Das Brot ist nicht frisch!
2. Der Wein ist nicht kalt!
3. Der Käse ist nicht frisch!
4. Die Butter ist nicht weiß!

Antwort: Stimmt, frisches Brot schmeckt viel besser

5. Der Kaffee ist nicht stark!
6. Der Tee ist nicht süß!
7. Das Bier ist nicht kalt!
8. Die Würstchen sind nicht warm!

DRILL 2   Adjective endings after *ein–eine*

Beispiel: Die Aussicht ist so schön!

Now begin:

1. Die Aussicht ist so schön!
2. Der Vertrag ist so günstig!
3. Das Schiff ist so modern!
4. Der Auftrag ist so groß!

Antwort: Ja, eine schöne Aussicht, nicht wahr?

5. Die Werft ist so bekannt!
6. Der Hafen ist so modern!
7. Das Kino ist so billig!
8. Die Innenstadt ist so schön!

DRILL 3   Adjective endings: Accusative case

Beispiel: Schon wieder ein neuer Vertrag!

Now begin:

1. Schon wieder ein neuer Vertrag!
2. Schon wieder ein billiges Angebot!
3. Schon wieder eine schöne Aussicht!
4. Schon wieder eine bekannte Firma!
5. Schon wieder ein moderner Stadtteil!

Antwort: Was haben Sie eigentlich gegen einen neuen Vertrag?

6. Schon wieder ein kurzer Rock!
7. Schon wieder ein norwegischer Frachter!
8. Schon wieder ein rotes Auto!
9. Schon wieder ein sonniger Tag!
10. Schon wieder ein langer Spaziergang!

DRILL 4   Adjective endings: Dative case

Beispiel: Heute ist der neunte Juni

Now begin:

1. Heute ist der neunte Juni
2. Heute ist der achte Mai
3. Heute ist der siebte August
4. Heute ist der erste Juli

Antwort: Ja, und am zehnten fahren wir nach Berlin!

5. Heute ist der zwanzigste September
6. Heute ist der zweite April
7. Heute ist der dreißigste Januar
8. Heute ist der erste Oktober

DRILL 5   Adjectives: Plural

Beispiel: Die Züge in Deutschland fahren so schnell!

Antwort: Stimmt, die deutschen Züge fahren schnell

Now begin:
1. Die Züge in Deutschland fahren so schnell!
2. Die Städte in Deutschland sind so modern!
3. Die Autos in England sind so altmodisch!
4. Die Exporte aus Deutschland werden teurer!
5. Die Bücher in Holland sind so billig!
6. Die Zigaretten im Ausland schmecken nicht so gut!
7. Die Autobahnen in Italien sind sehr breit!
8. Die Häfen in Norwegen sind sehr billig!

DRILL 6   Adjective endings: Place names

Beispiel: Gibt es in Hamburg einen Hafen?

Antwort: Aber bitte! Der Hamburger Hafen ist doch weltbekannt!

Now begin:
1. Gibt es in Hamburg einen Hafen?
2. Gibt es in Köln einen Dom?
3. Gibt es in Berlin einen Funkturm?
4. Gibt es in München ein Hofbräuhaus?
5. Gibt es in Paris viele Nachtlokale?
6. Gibt es in Leipzig eine Industriemesse?
7. Gibt es in Heidelberg ein Schloß?
8. Gibt es in Wien eine Universität?

7   Translation/Oral/Written

I had foolishly forgotten//to collect my wife from the laboratory.//I had already put the car in the garage,//and had to get it out.//Then I had to drive as quickly as possible to the University.//My wife had already left by bus.//I drove home again,// put the car back in the garage,//and went into the house.//My wife was not very friendly.//

8   Oral/Written Translation/Dictation

Ich hatte letzte Woche eine kurze Geschäftsreise nach Kiel gemacht.//Ich bin mit meinem neuen VW gefahren.//Der 1600er ist ein sehr schneller Wagen,//und ich hatte meine ganze Arbeit bis halb drei erledigt.//Ich habe also einen langen Spaziergang um den Hafen//und das neue Stadtzentrum gemacht.//Die grauen Kriegsschiffe und die schwarzen Unterseeboote//waren ja sehr interessant,//aber in dem neuen Stadtzentrum//war nicht viel los.//Ich bin in ein kleines Café gegangen.//Ein sehr hübsches Mädchen//hat mir Kaffee und Kuchen gebracht.//Ich hatte leider nicht mehr viel Zeit,//denn um 6 Uhr mußte ich in meinem Büro sein.//Ein Geschäftsmann aus Bremen//wollte mit mir über drei neue Maschinen sprechen.//

Grammar   **Adjective endings**

1.   German adjectives add endings only when used as nouns or before nouns. Otherwise they remain invariable:
    Adjective used as noun: *ein Alter* (an old man)
    Adjective used before noun: *ein alter Mann*
    Adjective not so used: *der Mann ist **alt***

2.   The following diagram indicates the endings taken by adjectives after articles. The articles are inside the figure, and the appropriate adjective endings outside:

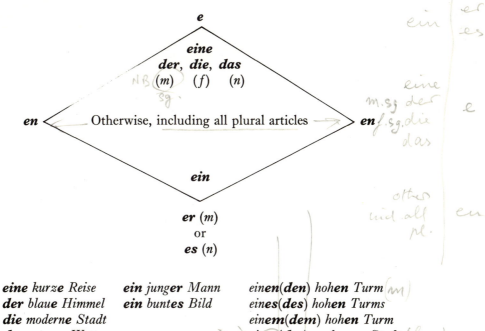

eine kurze Reise   ein junger Mann   einen(den) hohen Turm
der blaue Himmel   ein buntes Bild   eines(des) hohen Turms
die moderne Stadt   einem(dem) hohen Turm
das warme Wetter   einer(der) modernen Stadt

PLURALS
die modernen Städte
der modernen Städte
den modernen Städten

NOTE. a. *dieser* (this)– *jener* (that), *jeder* (each), *welcher* (which) take endings identical with those of the definite article, e.g.:

dieser hohe Turm   diese hohen Türme
diesen hohen Turm   diesen hohen Türmen   etc.

b.   All possessive adjectives (*mein, dein,* etc.) and *kein* (not a, not any), take endings as follows: (i) before a singular noun – as indefinite article:

mein kleiner Bruder
meine kleine Schwester
mein kleines Buch
meinem kleinen Buch   etc.

(ii) before a plural noun, – as plural definite article:
meine kleinen Brüder
meiner kleinen Brüder
meinen kleinen Brüdern   etc.

3.   Any adjective used as a noun or before a noun but without any article, takes the ending which would have been on the definite article:

der Rauch – therefore grauer Rauch   die Schiffe – therefore deutsche Schiffe
die Luft – therefore frische Luft   die Bekannten – therefore Bekannte
das Wasser – therefore schmutziges Wasser   der Deutschen – therefore Deutscher (gen. pl.)
in dem Wasser – therefore in schmutzigem   in den Häusern – therefore in kleinen
                                     Wasser   Häusern

Dialog   *Student sucht Zimmer*

'Student sucht Zimmer'. Dieses Inserat setzte Herr Wagner in die Zeitung, nachdem er in Tübingen angekommen war. Als heute früh ein Angebot kam, fuhr er gleich in die Hohenzollernstraße. Frau Berger öffnete ihm die Tür.

Wagner	Guten Tag. Sind Sie Frau Berger? Mein Name ist Wagner. Sie vermieten ein Zimmer?
Frau Berger	Ja, richtig. Meine Postkarte haben Sie wohl bekommen? Bitte kommen Sie herein. Leider ist mein Mann nicht daheim. Er ist ausgegangen, kurz bevor Sie kamen. Gehen wir gleich in den ersten Stock.
Wagner	Sie haben ein schönes Haus. Ganz neu?
Frau Berger	Wir sind erst vor ein paar Monaten eingezogen. Nachdem die Handwerker fertig waren. So, hier ist das Zimmer.
Wagner	Oh, das gefällt mir auf den ersten Blick.
Frau Berger	Er ist vor allem sehr ruhig. Niemand stört Sie, wenn Sie arbeiten. Alles ist da, was Sie brauchen, Bett, Schrank, Tisch und zwei Stühle. An der Wand steht ein Bücherregal.
Wagner	Hinter diesem Vorhang ist wohl das Waschbecken?
Frau Berger	Richtig. Sie haben fließendes kaltes und warmes Wasser. Die Toilette ist allerdings im Erdgeschoß.
Wagner	Das Zimmer ist wirklich groß und hell. Könnte ich eine Schreibtischlampe haben?
Frau Berger	Die bringe ich Ihnen, wenn Sie einziehen.
Wagner	Gut, danke. Was kostet das Zimmer im Monat?
Frau Berger	Die Miete beträgt hundertzwanzig Mark. Mit Strom und Bettwäsche.
Wagner	Das ist zwar nicht sehr billig, aber ich nehme das Zimmer.
Frau Berger	Wann wollen Sie einziehen?
Wagner	Am liebsten schon nächsten Montag. Paßt Ihnen das?
Frau Berger	Sicher. Ich überziehe dann Ihr Bett, bevor Sie Ihre Koffer bringen. Wie lange wollen Sie übrigens bei uns wohnen?
Wagner	Ich bleibe mindestens ein Semester, vielleicht länger.
Frau Berger	Einverstanden. Die Miete können Sie ruhig zahlen, wenn Sie am Montag kommen. Noch eine Frage, ehe Sie gehen: Sind Sie Raucher?
Wagner	Na ja, ich, ich rauche Pfeife. Aber nur selten.
Frau Berger	Dann verstehen wir uns sicher gut. Mein Mann raucht sehr viel Zigarren, seitdem er pensioniert ist. Sie werden ihn nächste Woche kennenlernen.
Wagner	Ich freue mich schon. Auf Wiedersehen, Frau Berger.

Vocabulary

allerdings *however*
Angebot(e)(das) *offer*
ankommen (sep), -. kam an, ist angekommen *to arrive*
bekommen, (insep) -, bekam, hat bekommen *to get, receive*
betragen, (insep) beträgt, betrug, hat betragen *to amount to*
Bettwäsche(die) *bed-linen*
billig *cheap*
Blick(e)(der) *look, glance*
auf den ersten Blick *at first sight*
brauchen *to need*
Bücherregal(e)(das) *book-case*
daheim *at home*
ehe(conj.) *before*
einverstanden *agreed*
einziehen(sep), -, zog ein, ist eingezogen *to move in*
Erdgeschoß(das) *ground floor*
im Erdgeschoß *on the ground floor*
erst vor ein paar Monaten *only a few months ago*
fertig *finished; ready*
fließen *to flow*
fließendes Wasser *running water*
Frage(n)(die) *question*
noch eine Frage *one more question*
sich freuen *to be glad*
ich freue mich schon *I look forward to that*
gefallen, gefällt, gefiel, hat gefallen (+dat.) *to please*
es gefällt mir *I like it*
gleich *immediately*
Handwerker(-)(der) *workman*
hereinkommen(sep) *to come in*
bitte kommen Sie herein *please come in*
Inserat(e)(das) *'small ad.'*
kennenlernen(sep) *to get to know*
leider *unfortunately*
am liebsten *preferably (irreg. superlative: gern, (gladly, lieber, am liebsten)*

Miete(die) *rent*
mindestens *at least*
Monat(e)(der) *month*
was kostet es im Monat? *what does it cost per month?*
na *well*
nachdem *after (conjunction)*
niemand *no one*
nur *only*
passen(+dat.) *to suit*
paßt das? *is that convenient for you?*
pensioniert *retired*
Pfeife(n)(die) *pipe*
richtig *correct; that's right*
ruhig *quiet; with a quiet conscience*
Sie können ruhig zahlen, wenn . . . *It'll be quite all right if you pay when . . .*
Schrank(¨e)(der) *cupboard*
seitdem *since (conjunction)*
selten *rarely, seldom*
Semester(-)(das) *term*
setzen *to place, set, put*
Stock(der) (pl: Stockwerke) *storey, floor*
im ersten Stock *on the first floor*
stören *to disturb*
Strom(der) *current; electricity*
suchen *to seek, look for*
überziehen(insep), -, überzog, hat überzogen *to cover*
ein Bett überziehen *make a bed up*
vermieten *to let*
Sie vermieten ein Zimmer? *you have a room to let?*
vielleicht *perhaps*
Vorhang(¨e)(der) *curtain*
Wand(¨e)(die) *wall*
Waschbecken(-)(das) *wash-basin*
wohl *I suppose*
zahlen *to pay*
zwar *admittedly*

Fragen

A

1. Wer ist Herr Wagner?
2. Wann gab er das Inserat auf?
3. Wie lautet das Inserat?
4. Wann kam das erste Angebot?

5. Wo war ein Zimmer zu vermieten?
6. Wann sind die Bergers eingezogen?
7. Warum konnten sie nicht früher einziehen?
8. Wo liegt das Zimmer?

9. Wie gefällt dem Studenten das Zimmer?
10. Was für Möbel stehen im Zimmer?
11. Wird er dort gut arbeiten können?
12. Wo ist das Waschbecken?
13. Muß er für Strom und Bettwäsche extra zahlen?
14. Ist die Miete sehr hoch?
15. Zieht er sofort ein?

B   Write two or three sentences in answer to each of the following:

16. Wie sieht Ihr Zimmer zu Hause aus?
17. Warum gefällt Herrn Wagner sein neues Zimmer?
18. Was bedeutet 'ein Semester'?
19. Beschreiben Sie Herrn und Frau Berger!
20. Warum nimmt der Student das Zimmer?

Drills

DRILL 1   Word order: Subordinate clauses

Beispiel: Mein Freund kommt herein.
Ich parke das Auto.
Wann kommt mein Freund herein?
Was tut mein Freund, während ich das Auto parke?

Antwort: Während ich das Auto parke.
Er kommt herein.

Now begin:

1. Mein Freund kommt herein.
   Ich parke das Auto.
   Wann kommt mein Freund herein?
   Was tut mein Freund, während ich das Auto parke?
1. Niemand stört ihn.
   Er arbeitet.
   Wann stört ihn niemand?
   Was tut er, während niemand ihn stört?
3. Frau Berger kam nach Hause.
   Ich besichtigte das Zimmer.
   Wann kam Frau Berger nach Hause?
   Was tat ich, während Frau Berger nach Hause kam?
4. Der Student zahlte die Miete.
   Herr Berger holte den Hausschlüssel.
   Wann zahlte der Student die Miete?
   Was tat der Student, während Herr Berger den Hausschlüssel holte?
5. Karl brachte den Koffer.
   Das Taxi wartete.
   Wann brachte Karl den Koffer?
   Was tat Karl, während das Taxi wartete?
6. Herr Berger zündete eine Zigarre an.
   Er sprach mit seiner Frau.
   Wann zündete Herr Berger eine Zigarre an?
   Was tat Herr Berger, während er mit seiner Frau sprach?
7. Du schaltest die Schreibtischlampe an.
   Ich gehe zum Waschbecken.
   Wann schaltest du die Schreibtischlampe an?
   Was tust du, während ich zum Waschbecken gehe?
8. Robert stieg aus.
   Der Omnibus hielt in der Hohenzollernstraße.
   Wann stieg Robert aus?
   Was tat Robert, während der Omnibus in der Hohenzollernstraße hielt?
9. Sie hörte das Telefon.
   Sie las Zeitung.
   Wann hörte sie das Telefon?
   Was tat sie, während sie Zeitung las?

DRILL 2   Word order: Subordinate clauses

Beispiel: Herr Schmidt besichtigte das Zimmer. Die Wirtin überzog das Bett.

Antwort: Herr Schmidt besichtigte das Zimmer, bevor die Wirtin das Bett überzog.

Now begin:
1. Herr Schmidt besichtigte das Zimmer.
   Die Wirtin überzog das Bett.
2. Die Wirtin überzog das Bett.
   Er zahlte die Miete.
3. Er zahlte die Miete.
   Herr Berger kam zurück.
4. Herr Berger kam zurück.
   Der Student ging weg.

5. Der Student ging weg.
   Er hatte sich gewaschen.
6. Er hatte sich gewaschen.
   Er ging aus.
7. Er ging aus.
   Er hatte seinen Regenschirm gefunden.
8. Er hatte seinen Regenschirm gefunden.
   Es fing an, zu regnen.

DRILL 3   Word order: Subordinate clauses

Beispiel: Er zieht morgen ein.

Antwort: Das ist schön, daß er morgen einzieht.

Now begin:
1. Er zieht morgen ein.
2. Ich bringe Ihnen eine Schreibtischlampe. (Sie)
3. Ich bezahle die Miete am Montag. (Sie)
4. Wir verstehen uns gut.

5. Es hat fließendes Wasser.
6. Es gefällt ihm gut.
7. Er ist jetzt pensioniert.
8. Er raucht auch Pfeife.

DRILL 4   Word order: Subordinate clauses

Beispiel: Ich gehe ins Kino.

Antwort: Aber bevor Sie ins Kino gehen, müssen Sie die Miete zahlen.

Now begin:
1. Ich gehe ins Kino.
2. Ich ziehe morgen aus.
3. Ich setze ein Inserat in die Zeitung.
4. Ich mache ihm ein Angebot.

5. Ich kaufe mir eine neue Pfeife.
6. Ich bringe ihren Koffer.
7. Ich fahre in die Universität.
8. Ich mache Urlaub in Deutschland.

DRILL 5   Word order: Subordinate clauses

Beispiel: Warum haben Sie es denn gemacht?

Antwort: Weil ich es eben gemacht habe!

Now begin:
1. Warum haben Sie es denn gemacht?
2. Warum sind Sie denn eingezogen?
3. Warum haben Sie es denn genommen?
4. Warum haben Sie es denn unterzeichnet?

5. Warum sind Sie denn gekommen?
6. Warum haben Sie ihn denn gestört?
7. Warum kostet es denn soviel?
8. Warum sind Sie denn Raucher?

6   Translation, Oral/Written

At half past nine on Monday//I collected my new car from the garage.//It is a red Volkswagen.//I then drove to the shipyard of Blohm & Voss//and discussed the new order.// By midday// we had cleared everything up// and we signed a very favourable contract.//My journey had been worthwhile//and I still had plenty of time.//I ate lunch at a small restaurant//

not far from the harbour//and then went for a walk.//The new contract,//the beautiful weather//
and a free afternoon//in a modern city like Hamburg –//wonderful!//

7   Oral/Written Translation/Dictation

Vor ein paar Tagen//bin ich in ein neues Zimmer eingezogen.//Mein altes Zimmer war
unmöglich;//erstens war die Miete zu hoch –//hundertundfünfzig Mark im Monat,//ohne
Frühstück//und ohne Bettwäsche.//Zweitens mußte ich eine Stunde mit dem Bus fahren,//
weil es nicht sehr günstig lag.//Das Zimmer war auch zu klein und dunkel//und meine Wirtin
war auch nicht sehr freundlich –//ich durfte zum Beispiel in meinem Zimmer nicht rauchen.//
Ihre zwei kleinen Kinder//haben mich auch bei der Arbeit sehr gestört.//

Hier ist es viel besser,//weil mein Zimmer nur 10 Minuten zu Fuß von der Universität
entfernt ist.//Es ist zwar nicht billig,//aber ich habe es genommen,//weil es so ruhig und hell
ist.//Es hat vielleicht auch eine Rolle gespielt,//daß meine neue Wirtin eine hübsche,
zwanzigjährige Tochter hat.//Als ich gestern abend arbeitete,//hat sie mir eine Tasse Kaffee ins
Zimmer gebracht!//Schön, nicht?//

Grammar   *Conjunctions*

1.   A conjunction is a word like 'and', 'because', etc., which joins one clause to another. There
are *five* German conjunctions which are followed by normal word order, i.e. verb in the second
position. They are as follows:

				1	2	
a.	**aber** (but)	*Es regnet,*	*aber*	*ich*	*muss*	*gehen*
b.	**denn** (for)	*Er geht zum Arzt,*	*denn*	*er*	*ist*	*krank*
c.	**oder** (or)	*Man kauft ein Haus,*	*oder*	*man*	*mietet*	*eine Wohnung*
d.	**sondern** (but on the contrary, after a negative)	*Man bekommt das Auto nicht sofort,*	*sondern*	*man*	*muss*	*lange warten*
e.	**und** (and)	*Sag' mir alles,*	*und*	*ich*	*helfe*	*dir*

2.   All other conjunctions turn their clauses into subordinate clauses, therefore send the verb to
the end of the clause:

als (when, i.e. a single activity in the past)

	Die Reisenden stiegen aus,	*als*	*der Zug*	*hielt*
bevor (before)	*Er besichtigte das Zimmer,*	*bevor*	*die Geschäfte*	*schlossen*
daß (that)	*Der Arzt sagt,*	*daß*	*du im Bett bleiben*	*mußt*
nachdem (after)	*Dieses Inserat setzte er in die Zeitung,*	*nachdem*	*er in Köln angekommen*	*war*
während (while)	*Herr Schmidt liest die Zeitung,*	*während*	*er in der Stadt*	*ist*
weil (because)	*Ich kann heute nicht kommen,*	*weil*	*ich krank*	*bin*
wenn (when, in present or future; whenever; if)				
	Wir fahren nach Hause,	*wenn*	*das Semester zu Ende*	*ist*

Other similar conjunctions occur in later Units.

NOTE. If the subordinate clause comes before the main clause, the latter inverts subject and verb:

Sub. clause	Verb	Subject	
Als heute früh ein Angebot kam,	*fuhr*	*er*	*gleich in die Hohenzollernstraße*

Dialog   *Können Sie Fremdsprachen?*

Zwei Männer unterhalten sich in einer Bar. Einer kommt aus der Wirtschaft, der andere ist Sprachlehrer. Sie diskutieren über ein Thema, das Sie vielleicht interessiert: Fremdsprachen in der Industrie. Hören wir ein bißchen zu.

Müller	Zum Wohl, Herr Doktor! Sie werden wahrscheinlich wissen, daß wir in den nächsten Jahren unsere Exporte steigern werden. England und Kanada sind die Länder, für die wir uns besonders interessieren.
Dietrich	Ja, eine erfreuliche Tendenz. Dort gibt es sicher einen Markt, der vergrößert werden kann. Übrigens, wissen Sie, was 'Halbleitertechnik' auf Englisch heißt?
Müller	Wie bitte? Halbleitertechnik? Auf Englisch? Woher soll ich denn das wissen? Ich bin doch Verkaufsleiter, nicht Sprachlehrer.
Dietrich	Eben, das meine ich. Kommen Sie nicht aus einer Branche, in der Sprachkenntnisse wichtig sind?
Müller	Prinzipiell haben Sie schon recht. Ich bin in der elektronischen Industrie tätig, und habe viel mit dem Überseegeschäft zu tun. Aber woher soll ich die Zeit nehmen, die zum Englischlernen nötig ist?
Dietrich	Nur keine Angst. Es gibt moderne Methoden, die das Lernen leicht machen, zum Beispiel: spezielle Sprachkurse, Schallplatten, Tonbänder.
Müller	Sie machen ja richtig Reklame! Aber hat sich in den letzten Jahren wirklich viel verändert? Die Bücher, an die ich mich erinnere, waren ziemlich schlecht. In den Sprachkursen fehlten oft die Wörter, die unsere Branche braucht.
Dietrich	Ich gebe zu: das ist auch heute noch ein wunder Punkt. Aber warum? Oft fehlt es an der nötigen Zusammenarbeit! Ich möchte Ihnen eine Frage stellen. Welche Leute lernen bei Ihnen eigentlich Sprachen? Gibt es da bestimmte Gruppen?
Müller	Man kann, glaube ich, drei Gruppen unterscheiden: Erstens: junge Mitarbeiter, die im Urlaub ins Ausland reisen.
Dietrich	Darf ich fortfahren? Zweitens: Ingenieure und Fachleute, die im Ausland arbeiten. Sie müssen nicht nur eine Fahrkarte kaufen, sondern auch technische Fragen besprechen können.
Müller	Natürlich. Und drittens: Die sogenannten 'Herren in leitender Stellung', denen Sprachkenntnisse zum Beispiel in Konferenzen viel nützen.
Dietrich	Das ist ja die Gruppe, zu der Sie selbst gehören, nicht wahr?
Müller	Wenn Sie so wollen, ja.
Dietrich	Wir sind also bei dem Punkt, von dem wir ausgingen! Sind Sie nun überzeugt, daß Englisch für Sie wichtig ist?
Müller	Ja, das haben Sie nachgewiesen, Herr Doktor, aber es war ein bißchen viel auf einmal. Herzlichen Dank für den Vortrag. Ich werde es mir bestimmt überlegen, ob ich doch einen Englischkurs besuche.

Vocabulary

Angst(die) *fear*
nur keine Angst *don't you worry*
ausgehen(sep) *to go out*
wir sind bei dem Punkt, von dem wir ausgingen
  we're back to where we started from
Ausland(das) *foreign countries*
ins Ausland reisen *to travel abroad*
Beispiel(e)(das) *example*
zum Beispiel (z.B.) *for example*
Beruf(e)(der) *profession*
besonders *specially*
besprechen, bespricht, besprach, hat
  besprochen *to discuss*
bestimmt *definite(ly)*
ein bißchen *a bit*
Branche(n) (die) *line of business*
brauchen *to need*
diskutieren über + acc. *to discuss*
drittens *thirdly*

dürfen (ich darf, du darfst), durfte, hat gedurft
  to be allowed, 'may'
darf ich fortfahren? *may I continue?*
eben *exactly*
eigentlich *actually*
einfach *simple*
auf einmal *all at once*
erfreulich *pleasing*
sich erinnern an + acc *to remember*
erstens *firstly*
Fachmann (pl. Fachleute)(der) *expert*
Fahrkarte(n)(die) *ticket*
fehlen *to be missing*
es fehlt an + dat. *there is a lack of . . .*
fortfahren (sep) fährt fort, fuhr fort, ist
  fortgefahren *to continue*
Frage(n)(die) *question*
eine Frage stellen *to ask a question*
Fremdsprache(n)(die) *foreign language*

Halbleiter(-)(der) *semi-conductor*
heißen, -, hieß, hat geheißen *to be called*
was heißt das auf Englisch? *what's that in English?*
herzlich *hearty, cordial*
sich interessieren für + acc. *to be interested in*
Kenntnisse(pl.) *knowledge*
Sprachkenntnisse *knowledge of languages*
Kurs(e)(der) *course*
leitend (*see* 'Stellung')
Markt(¨e)(der) *market*
meinen *to mean*
das meine ich *that's what I mean*
Mitarbeiter(-)(der) *assistant*
nachweisen(sep), -, wies nach, hat nachgewiesen *to prove*
nötig (zu + dat.) *necessary (for)*
nun *now*
nützen + dat. *to be useful to*
prinzipiell *in principle*
Punkt(e)(der) *point*
ein wunder Punkt *a sore point*
recht haben *to be right*
Sie haben schon recht, aber . . . *you're quite right, but . . .*
reisen *to travel*
Reklame machen *to advertise*
richtig *real(ly); right, correct*
Schallplatte(n)(die) *record, disc*
schlecht *bad*
schon (*see* 'recht')
sogenannt *so-called*
sollen (ich soll, er soll, du sollst) *to be supposed to, to be expected to*
woher soll ich denn das wissen? *why ever should I know that?*
woher soll ich die Zeit nehmen? *where am I to get the time from?*

Sprache(n)(die) *language*
steigern *to increase, boost*
Stellung(en)(die) *position*
Herren in leitender Stellung *executives*
tätig *employed; active*
Technik (die) *technology*
Thema(pl. Themen)(das) *theme, subject*
Tonband (¨er)(das) *(recording) tape*
tun, tut, tat, hat getan *to do*
überzeugen(insep) *to convince*
ich bin überzeugt, daß . . . *I'm convinced that . . .*
sich überlegen(insep) *to consider*
sich unterhalten(insep), unterhält, unterhielt, hat sich unterhalten *to chat*
unterscheiden(insep), -, unterschied, hat unterschieden *to distinguish*
Urlaub(der) *holiday*
im Urlaub *on holiday*
vergrößern *to make bigger, expand*
Verkauf(¨e)(der) *sale*
Verkaufsleiter(-)(der) *sales director*
vielleicht *perhaps*
Vortrag(¨e)(der) *lecture*
warum *why*
wichtig *important*
wie bitte? *Pardon?*
wirklich *really*
Wirtschaft (die) *economy, commerce*
woher *where from*
zum Wohl! *your health!*
Wort (¨er)(das) *word*
wund (*see* 'Punkt')
zugeben(sep), gibt zu, gab zu, hat zugegeben *to admit*
zuhören(sep) *to listen*
zusammen *together*
Zusammenarbeit(die) *collaboration*
zweitens *secondly*

Fragen

A
1. Was machen die beiden Männer in der Bar?
2. Woher weiß man, daß sie trinken?
3. Sind beide Lehrer?
4. Welche Stellung hat der Geschäftsmann in seiner Firma?
5. Worüber sprechen die beiden?
6. Was will die Firma in den nächsten Jahren tun?
7. Wie heißen die Länder, für die sich die Firma besonders interessiert?
8. Auf welchem Gebiet arbeitet die Firma?
9. Wissen *Sie*, was Halbleitertechnik auf Englisch heißt?
10. Warum weiß das der Geschäftsmann nicht?

11. Warum fehlt ihm die Zeit, Englisch zu lernen?
12. Gibt es in der Firma Leute, die Sprachen lernen?
13. Welche jungen Mitarbeiter lernen Sprachen?
14. Ist es heute immer noch so schwer, Fremdsprachen zu lernen?
15. Wer gehört zur zweiten Gruppe, die Sprachen lernt?

B   Write two or three sentences in answer to each of the following:
16. Warum lernen Sie Deutsch? Geben Sie ein paar Gründe!
17. Welche drei Gruppen lernen Deutsch? Warum?
18. Welche modernen Methoden gibt es?
19. Glauben Sie, daß moderne Methoden das Lernen leicht machen?
20. Was kann man in einer Bar machen?

Drills

DRILL 1   Relative pronouns

Beispiel: Diese Karte?   *Antwort:* Ja, das ist die Karte, die ich meine.

Now begin:
1. Diese Karte?   5. Dieses Zimmer?
2. Diese Bar?   6. Diese Werft?
3. Dieses Buch?   7. Dieser Arbeiter?
4. Diese Firma?   8. Dieser Verkäufer?

DRILL 2   Relative pronouns as direct object (accusative)

Beispiel: Das Buch können Sie mir empfehlen.   *Antwort:* Kennen Sie ein Buch, das Sie mir empfehlen können?

Now begin:
1. Das Buch können Sie mir empfehlen.   7. Die Sprache wollen Sie lernen?
2. Die Zeitung können Sie mir empfehlen.   8. Die Übung haben Sie ausgelassen.
3. Über das Thema wollen Sie sprechen.   9. Den Fachmann haben Sie nicht gefragt.
4. Den Film wollen Sie sehen.   10. Das Wort können Sie nicht im Lexikon
5. Den Direktor können Sie einstellen.   finden.
6. Um die Stelle wollen Sie sich bewerben?

DRILL 3   Relative pronouns as subject

Beispiel: Die Arbeiter.   *Antwort:* Die Arbeiter, die Überstunden
Sie machen Überstunden.   machen.

Now begin:
1. Die Arbeiter.   4. Die Mitarbeiter.
   Sie machen Überstunden.   Sie reisen ins Ausland.
2. Die Länder.   5. Die Wörter.
   Sie wollen mehr exportieren.   Sie sind unbekannt.
3. Die Bekannten.   6. Die Manager.
   Sie bestellen einen Schnaps.   Sie verdienen am meisten.

7. Die Leute.
   Sie rauchen sehr viel.
8. Die Anzeigen.
   Sie gefallen mir am besten.

9. Die Übungen.
   Sie sind am schwierigsten.
10. Die Techniker.
   Sie können Deutsch.

DRILL 4   Relative pronouns: all cases

Beispiel : Herr Schmidt.
Ihn traf ich gestern.
Wer hat Sie eingeladen?

Antwort : Herr Schmidt, den ich gestern traf.

Now begin:
1. Herr Schmidt.
   Ihn traf ich gestern.
   Wer hat Sie eingeladen?
2. Die Hannover-Messe.
   Von ihr spricht man so viel.
   Was ist interessant?
3. Der Hamburger Hafen.
   Er ist größer als vor dem Krieg.
   Was hat Sie beeindruckt?
4. Der alte Freund.
   Ihn habe ich gesucht.
   Wen haben Sie nicht getroffen?
5. Das Wetter.
   Es war so lange schön.
   Was ist plötzlich schlechter geworden?

6. Die Firmen.
   Mit ihnen wollen wir verhandeln.
   Wer hat kein Interesse mehr?
7. Alle wichtigen Maschinen.
   Sie wollten wir verkaufen.
   Was ist kaputt?
8. Die Männer.
   Sie unterhalten sich in der Bar.
   Wer kennt sich schon lange?
9. Ein Mann.
   Er kann genügend Englisch.
   Wen brauchen Sie dringend?
10. Die meisten Bücher.
   An sie erinnere ich mich.
   Was war schlecht?

5   Oral/Written Translation/Dictation

Heute habe ich meinen Freund,//der Verkaufsleiter in einer neuen Fabrik ist,//in einer Bar getroffen.//Wir sprachen über das Thema//Fremdsprachen in der Industrie.//Seine Firma,//die Halbleiter produziert,//braucht Verkaufsexperten,//die gut Deutsch und Französisch sprechen,//weil die Firma//ihre Exporte nach Deutschland und Frankreich steigern will.//Er hat mir gesagt,//daß es sehr schwer ist,//Leute zu finden,//die nicht nur die technischen Probleme verstehen,//sondern auch die nötigen Sprachkenntnisse haben.//

6   Translation, Oral/Written

Yesterday evening//my friend Hans telephoned.//He said//that he could not leave his room.//When I asked him//why he had to stay at home,//he said://'I haven't paid my rent//and I think//that my landlady is waiting downstairs.'//Poor Hans –//his room is very expensive.//It costs DM 150 a month// with breakfast,//but it is very big and quiet;//that is important,//because he is a student,//and because he works there in the evening.//'I can bring DM 100'//I said,//'I hope//that that is enough for now.'//

Grammar   *Relative clauses*

1.   A Relative Clause is one beginning in English with 'who', 'whose', 'whom', 'which' etc.,

[handwritten: may be absent in Engl, or "that"]

referring back to some previous noun, e.g. 'That is *the man who* bought my car.' In German, relative clauses are always subordinate, and the verb goes to the end. They are always separated off by commas from the rest of the sentence.

2.   Consider the following examples: *[handwritten: mit dem Mann, der / Ein Mann, der in W… / eine Frau, die]*
    a.   *Das ist* **der Mann, der** *meinen Wagen kaufte.*
    b.   *Das ist* **die Frau, die** *hier wohnt.*
    c.   *Das ist* **das Haus, das** *ich kaufen wollte.*
    d.   *Das sind* **die Leute, die** *Sie letzte Woche bei uns kennenlernten.*

These sentences indicate that the relative pronoun in German is identical with the definite article of the noun to which it refers. This noun is called the 'antecedent'. (See, however, para. 4 below)

3.   The case of the relative pronoun has nothing to do with the case of the antecedent. It depends entirely on the relative pronoun's function within its own clause:
    a.   *Ich habe einen Freund,* **der** *nicht weit von hier wohnt.*
        (Here the relative pronoun is the *subject* of '*wohnt*', therefore nominative.)
    b.   *England und Kanada sind die Länder,* **für die** *wir uns interessieren.*
        (Here '*für*' demands the accusative)
    c.   *Haben Sie nicht einen Beruf,* **in dem** *Sprachkenntnisse wichtig sind?*
        (Here '*in*' demands the dative.)
    d.   *Herr Müller,* **den** *wir gestern trafen, ist Holzfachmann.*
        (Here '*wir*' is *subject* of '*trafen*', so relative pronoun is direct object, therefore accusative.)
    e.   *Das Mädchen,* **dem** *ich das Päckchen schickte, hat es nicht erhalten.*
        (Here '*das Päckchen*' is direct object of '*schickte*', so relative pronoun is indirect object, therefore dative.)

4.   The whole of the genitive, and the dative plural of the relative pronoun differ from the definite article, as the following table shows:

Nom.	*der*	*die*	*das*	*die*
Acc.	*den*	*die*	*das*	*die*
Gen.	**dessen**	**deren**	**dessen**	**deren**
Dat.	*dem*	*der*	*dem*	**denen**

See the following examples:
    a.   *Der Vertreter,* **dessen** *Firma nach England exportiert, brachte mehr Aufträge.*
        The representative *whose* firm . . .
    b.   *Der Geschäftsmann, mit* **dessen** *Wagen ich fuhr,* . . .
        The businessman in *whose* car . . .
    c.   *Die Dame, für* **deren** *Sohn ich das Buch gekauft habe* . . .
        The lady for *whose* son . . .   *[handwritten: von deren … from]*
        (These sentences indicate that the relative pronoun '*whose*' is always '*dessen*' or '*deren*', even though it may be preceded by a preposition.)
    d.   *Die Herren,* **denen** *Sprachkenntnisse in Konferenzen viel nützen* . . .
        The gentlemen *to whom* a knowledge of languages . . . is very useful . . .
        (Here *nützen* demands the dative.)
    e.   *Geben Sie mir die Liste der Länder,* **denen** *Sie mehr verkaufen wollen.*
        (Here the relative pronoun is indirect object of verb, therefore dative.)
    f.   *Hier sind die beiden Engländer, von* **denen** *ich Ihnen erzählt habe.*
        (Here '*von*' demands dative.)

Dialog   *Inspektion bei zwanzigtausend Kilometer*

Schon vorige Woche hat Fräulein Ammann ihren Wagen in der Autowerkstatt angemeldet. Am Montagmorgen spricht sie mit Herrn Bernhard, der in der Reparatur-Annahme arbeitet.

Ammann   Guten Morgen, Herr Bernhard. Sie haben mich für heute vorgemerkt. Mein Wagen steht schon draußen.

Bernhard   Sie sind – Fräulein Ammann. Richtig. Ich erinnere mich an Sie. Ist irgendetwas kaputt? Hatten Sie eine Panne?

Ammann   Nein, nein, glücklicherweise nicht. Wahrscheinlich ist nur eine Inspektion nötig.

Bernhard   Was ist ihr Kilometerstand, bitte?

Ammann   Augenblick, ich sehe gerade auf den Tacho: noch nicht ganz zwanzigtausend. Aber ich werde Anfang nächster Woche verreisen. Deshalb bin ich heute schon da.

Bernhard   Gut. Ich schreibe gleich einen Auftrag für die Werkstatt. Aber darf ich erst Ihren Kraftfahrzeugschein sehen?

Ammann   Hier ist er. Wechseln Sie auch das Öl und stellen Sie die Bremsen nach. Außerdem . . .

Bernhard   Einen kleinen Moment, bitte. Ich notiere mir Ihr Kennzeichen. So. Was wollten Sie noch sagen?

Ammann   Es wird nötig sein, das Öl zu wechseln und die Bremsen nachzustellen. Auch der Benzinverbrauch ist, glaube ich, zu hoch. Vierzehn Liter auf hundert Kilometer ist doch eine ganze Menge.

Bernhard   Wenn Sie meistens in der Stadt fahren, ist das eigentlich nicht zu viel. Das dauernde Bremsen und Anfahren wird immer viel Benzin kosten.

Ammann ,   Bitte überprüfen Sie trotzdem den . . . den . . . na, Sie wissen schon, was ich meine.

Bernhard   Den Vergaser. Gut, ich werde es notieren. Würden Sie bitte hier unterschreiben?

Ammann   Wann kann ich den Wagen wieder abholen? Sind Sie heute abend schon fertig?

Bernhard   Das kann ich Ihnen leider nicht versprechen. Fragen Sie am besten den Meister.

Ammann   Wo finde ich den? Ich kenne mich hier nicht aus.

Bernhard   Ganz einfach. Er ist sicher im Ersatzteillager, gleich rechts hinter der großen Halle.

Ammann   Soll ich den Auftrag gleich mitnehmen?

Bernhard   Ja, freilich, ich rufe an, während Sie hinübergehen,

Ammann   Aha. Danke sehr. Auf Wiedersehen.

Bernhard   Wiedersehen, Fräulein Amman. Und keine Sorge: Es wird schon klappen. Heute abend haben wir sicher alles repariert.

Vocabulary

abholen(sep)   *to collect, 'pick up'*
Anfahren(das)   *moving off*
Anfang(¨e)(der)   *beginning*
anmelden(sep)   *to book in*
anrufen(sep), -, rief an, hat angerufen   *to ring up*
Auftrag(¨e)(der)   *order; work-ticket*
Augenblick(e)(der)   *moment*
sich auskennen(sep), -, kannte aus, hat ausgekannt
   to know one's way around
ich kenne mich hier nicht aus   *I don't know my
   way around here*
außerdem   *and also; in addition; besides*
Benzin(das)   *petrol*
Benzinverbrauch(der)   *petrol consumption*
am besten (*superlative of* gut)
fragen Sie am besten   *you'd better ask*
Bremse(n)(die)   *brake*
Bremsen(das)   *braking*
dauern   *to last*
dauernd   *constant*
deshalb   *that's why; for that reason*
draußen   *outside*
eigentlich   *actually*
einfach   *simple; straightforward*
sich erinnern an (+acc.)   *to remember*
Ersatz (¨e)(der)   *substitute; spare*
Ersatzteil(e)(das)   *spare part*
fast   *almost*
fertig   *finished; ready*
freilich   *by all means; certainly*
g(e)rade   *just*
ich komme grade!   *just coming!*
glauben   *to believe, think*
gleich   *immediately, straight away*
glücklicherweise   *fortunately*
Halle(n)(die)   *hall; repair shop*
hinübergehen(sep)   *to go across*
Inspektion(en)(die)   *service*
irgend   *some . . . or other*

irgendetwas   *something or other, anything*
kaputt   *broken; not working*
Kennzeichen(-)(das)   *registration number*
Kilometerstand(der)   *mileage*
klappen *to turn out right*
es wird schon klappen   *it'll be OK*
Kraftfahrzeug(e)(das)   *vehicle*
Kraftfahrzeugschein(e)(der)   *log-book*
sich kümmern um + acc.   *to take care of, look
   after*
Lager(-)(das)   *store; camp*
leider   *unfortunately*
meistens   *mostly*
Meister(-)(der)   *foreman*
Menge(n)(die)   *amount, lot*
das ist eine ganze Menge   *that's quite a lot*
nachstellen(sep)   *to adjust*
nötig   *necessary*
Panne(die)   *breakdown*
Reparatur(die)   *repair*
Reparaturannahme   *reception*
Sorge(n)(die)   *anxiety, worry*
keine Sorge   *don't worry*
Tacho(meter)(der)   *speedo(meter)*
trotzdem   *nevertheless, all the same*
überprüfen(insep)   *to check over*
unterschreiben(insep)   *to sign*
würden Sie bitte hier unterschreiben?
   would you please sign here?
Vergaser(-)(der)   *carburetter*
verreisen   *to go away, go off on a journey*
versprechen, verspricht, versprach, hat versprochen
   to promise
vorige Woche   *last week*
vormerken(sep)   *to book in advance*
während   *while*
wahrscheinlich   *probably*
wechseln   *to change; exchange*
Werkstatt(¨en)(die)   *workshop, garage*

Fragen

A

1. Wo hat die Dame ihren Wagen angemeldet?
2. Wann spricht sie mit Herrn Bernhard?
3. Woher hat er gewußt, daß sie heute kommt?
4. Ist sie mit dem Wagen gekommen?
5. Glaubt sie, daß irgendetwas am Wagen
   kaputt ist?
6. Wann wird sie verreisen?
7. Was will Herr Bernhard sehen?
8. Was notiert sich Herr Bernhard?
9. Was muß man im Auto wechseln?
10. Was soll die Werkstatt mit den Bremsen
   machen?

11. Wieviel Benzin verbraucht das Auto?
12. Was soll überprüft werden?
13. Was muß sie unterschreiben?

14. Wen soll sie fragen, wann der Wagen fertig wird?
15. Was bekommt man im Ersatzteillager?

B   Write two or three sentences in answer to each of the following:

16. Warum muß Fräulein Ammann in die Werkstatt?
17. Nennen Sie einige Ersatzteile für Ihr Auto!
18. Was tun (1) der Mann in der Reparaturannahme? (2) der Mechaniker? (3) der Meister?
19. Wie oft braucht ein Auto eine Inspektion? Was ist eine Autoinspektion?
20. Wozu dienen die drei Pedale in einem Wagen?

Drills

DRILL 1   Future tense

Beispiel: Hat er den Wagen abgeholt?

Now begin:
1. Hat er den Wagen abgeholt?
2. Hat er den Wagen überprüft?
3. Hat sie den Verkaufsleiter gefragt?
4. Hat er die Ersatzteile gebracht?

Antwort: Nein, er wird den Wagen morgen abholen.

5. Hat sie die Miete bezahlt?
6. Haben Sie das Öl gewechselt?
7. Haben Sie die Bremsen nachgestellt?
8. Ist sie gekommen?

DRILL 2   Future tense

Beispiel: Kommt Herr Buchner morgen?

Now begin:
1. Kommt Herr Buchner morgen?
2. Kauft Ihr Vater im Sommer ein Auto?
3. Rufen Sie Bernhard gleich an?
4. Überholen wir bald den Lastwagen?

Antwort: Herr Buchner wird morgen kommen, nicht wahr?

5. Wechseln Sie morgen das Öl?
6. Verreisen Sie Anfang nächster Woche?
7. Sind Sie heute abend fertig?
8. Fährt der Zug um sechs Uhr ab?

DRILL 3   Future tense: *'It will hardly be possible to . . .'*

Beispiel: Reparieren Sie den Wagen vor Samstag?

Now begin:
1. Reparieren Sie den Wagen vor Samstag?
2. Machen Sie mehr als eine Inspektion?
3. Überprüfen Sie den Motor?
4. Verreisen Sie diese Woche?

Antwort: Es wird kaum möglich sein, den Wagen vor Samstag zu reparieren.

5. Wechseln Sie das Öl jetzt gleich?
6. Reduzieren Sie den Benzinverbrauch?
7. Rufen Sie Herrn Buchner an?
8. Tanken Sie vor der Autobahn?

DRILL 4   Time: *'A week on Sunday'*, etc.

Beispiel: Wann werden Sie Herrn Buchner anrufen?
Wann werden Sie nach Frankfurt fliegen?

Antwort: Am Sonntag in acht Tagen um halb eins.
Am Montag in acht Tagen um halb zwei.

Now begin:

1. Wann werden Sie Herrn Buchner anrufen?
2. Wann werden Sie nach Frankfurt fliegen?
3. Wann werden Sie den Auftrag
   unterschreiben?
4. Wann wird er die Prüfung machen?

5. Wann wird er fertig sein?
6. Wann wird der Wagen repariert sein?
7. Wann werden wir die Ersatzteile
   bekommen?

DRILL 5   Present tense used for future

Beispiel: Werden Sie den Wagen morgen
bringen?

Antwort: Nein, ich bringe den Wagen schon
heute nachmittag.

Now begin:

1. Werden Sie den Wagen morgen bringen?
2. Werden Sie die Ersatzteile morgen
   bezahlen?
3. Werden Sie die Rechnung morgen bezahlen?
4. Werden Sie Ihren Wagen morgen
   überprüfen?

5. Werden Sie die Reifen morgen abholen?
6. Werden Sie die Prüfung morgen machen?
7. Werden Sie die Plätze morgen reservieren?
8. Werden Sie morgen telefonieren?

6   Translation, Oral/Written

Outside the station//I met my cousin Hans,//who is the sales manager of a new firm//which
produces semi-conductors.//We went into the bar//which is opposite the station//and we drank a
glass of beer together.//He said//that his firm needs two salesmen//who can speak German.//At
two o'clock//I went with him to the garage//where we collected his car.//

7   Oral/Written Translation/Dictation

Ich mußte gestern abend mit meiner Werkstatt telefonieren.//Mein neuer Wagen//muß zur
Reparaturwerkstatt.//Mit neuen Wagen ist es oft so.//Die Bremsen und der Vergaser//
funktionieren nicht richtig.//Der Wagen verbraucht auch zu viel Öl.//Ich glaube,//daß der
Autohändler//den Wagen nicht überprüft hat,//bevor er ihn mir verkauft hat.//Der Auspuff ist
auch nicht in Ordnung// – irgendwo klappert es unten.//Und ich habe mehr als DM 6 000
dafür bezahlt!//Mit dem Verkaufsleiter habe ich gesprochen,//aber es hat nicht viel geholfen.//
Leute wie er wissen auf alles eine Antwort.//Aber ich lasse es mir nicht gefallen!//Wenn er den
Wagen nicht sofort in Ordnung bringt,//schreibe ich gleich an das VW-Werk in Wolfsburg.//
Einer der Direktoren dort ist nämlich mein Freund.//

Grammar   *Future*

1.   The future tense is very simply formed in German. It consists, as in English, of an
auxiliary verb and an infinitive, e.g.:

AUXILIARY	INFINITIVE	AUXILIARY	INFINITIVE
ich werde	*kommen*	I shall	come
du **wirst**	*kommen*	you will	come
er **wird**	*kommen*	he will	come
wir werden	*kommen*	we shall	come
ihr werdet	*kommen*	you will	come

AUXILIARY	INFINITIVE	AUXILIARY	INFINITIVE
sie werden	*kommen*	they will	come
Sie werden	*kommen*	you will	come

NOTE.   *a.* shall/will is expressed by the present tense of **werden**;

b. **werden** is irregular in the 2nd and 3rd singular;

c. the infinitive, of course, goes to the end of the clause:

Ich werde nächste Woche nach Deutschland **kommen**.

2.   In everyday speech both the Germans and the English frequently use the present tense instead of the future:

Kommen Sie *nächste Woche?*   *Are you coming* next week?

The present tense has a rather more 'informal' ring about it than the future, particularly in German, so it is used a great deal, even where English would prefer a future tense:

Ich bin *gleich da!*   *I'll be* there straight away!

Sind Sie *heute abend*   *Will you be* finished by this evening?
schon fertig?

3.   Shall I . . .? is usually **Soll ich** . . .? e.g. **Soll ich** *das Fenster öffnen?*

Shall we . . .? is usually **Wollen wir** . . .? e.g. **Wollen wir** *ins Kino gehen?*

4.   The future tense can be used to express probability, e.g. *Es wird nötig sein, das Öl zu wechseln.* 'The oil *probably* needs changing.'

EIN AUTO

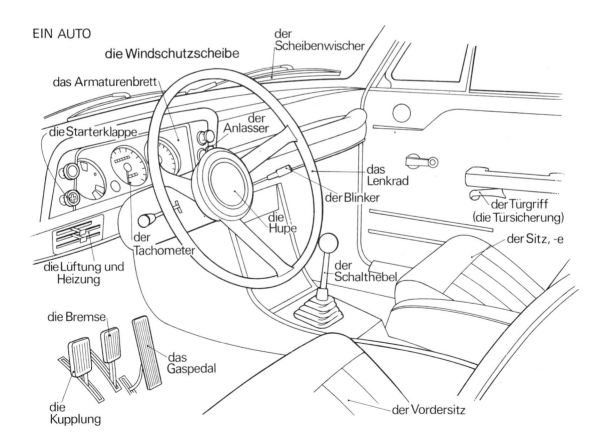

Dialog   *Herr Wagner muß zum Arzt*

Seit zwei Wochen hat Herr Wagner Kopfschmerzen. Deshalb geht er zu einem praktischen Arzt
in die Sprechstunde. Er muß eine Dreiviertelstunde im Wartezimmer sitzen, obwohl er zu früh
gekommen ist. Endlich kommt die Sprechstundenhilfe herein und sagt:

Sprechstundenhilfe	Der Nächste bitte. Kommen Sie bitte hier herein.
Wagner	Guten Morgen, Herr Doktor.
Arzt	Morgen, Herr . . . äh . . . Wie ist Ihr Name, bitte?
Wagner	Wagner, Friedrich Wagner
Arzt	Ah, Herr Wagner. Waren Sie schon einmal bei mir in der Sprechstunde?
Wagner	Nein, ich bin heute das erste Mal bei Ihnen.
Arzt	Nehmen Sie doch bitte Platz. Na, was gibt's?
Wagner	Ich wollte mit Ihnen sprechen, weil ich mich nicht recht wohl fühle. Seit zwei Wochen ungefähr.
Arzt	Aha. Was fehlt uns denn? Tut Ihnen etwas weh?
Wagner	Eigentlich habe ich nur Kopfschmerzen. Aber die sind besonders lästig, weil sie bei der Arbeit stören.
Arzt	Haben Sie immer viel zu tun?
Wagner	Zur Zeit, ja. Ich muß eine Prüfung machen, Ende des Monats.
Arzt	Da bleiben Sie wahrscheinlich abends lang auf, trotz der Kopfschmerzen?
Wagner	Manchmal schon. Oft sind die Schmerzen ziemlich heftig, obwohl ich Tabletten nehme.
Arzt	Können Sie nachts schlafen?
Wagner	Nicht immer, denn ich trinke viel Kaffee. Um wachzubleiben.
Arzt	Na, dann haben wir ja schon einige Ursachen für Ihre Kopfschmerzen.
Wagner	Glauben Sie, daß es etwas Schlimmes ist?
Arzt	Das glaube ich kaum. Trotzdem verschreibe ich Ihnen ein Mittel. Hier ist das Rezept. Nehmen Sie zweimal am Tag eine Tablette davon mit einem Schluck Wasser.
Wagner	Gut, ich gehe am besten gleich in die Apotheke.
Arzt	Machen Sie auch mal einen Spaziergang, da Sie soviel sitzen und lesen.
Wagner	Gut, ich werde es versuchen.
Arzt	Wenn's Ihnen trotz der Tabletten nicht besser geht, kommen Sie eben wieder in die Sprechstunde.

Vocabulary

Apotheke(n)(die)   *chemist's shop*
Arzt (··e)(der)   *doctor*
praktischer Arzt   *G.P.*
aufbleiben(sep). -, blieb auf, ist aufgeblieben   *to stay up*
besonders   *specially*
besser (*comparative of* 'gut')
wenn's (=es) Ihnen nicht besser geht   *if you are no better*
da (*adv.*)   *there; (conj.) as, since*
deshalb   *for that reason, so*
dreiviertel   *three quarters*
eine Dreiviertelstunde $\frac{3}{4}$ *hour*
eben   *simply*
einige   *a few, some*
einmal (*see* 'Mal')
endlich   *finally, at last*
was fehlt Ihnen?   *what's the matter with you?*
sich fühlen   *to feel*
ich fühle mich nicht recht wohl   *I don't feel very well*
es gibt   *there is/are*
was gibt's   *what's wrong?; what's happening?*
heftig   *violent; severe*
hereinkommen (sep)   *to come in*
(Kommen Sie bitte) herein!   *Come in!*
immer   *always*
kaum   *hardly*
das glaube ich kaum   *I hardly think so*
Kopf (··e)(der)   *head*
Kopfschmerzen(pl)   *headache*
lästig   *burdensome*
es ist lästig   *it's a nuisance*
Mal(e)(das)   *time (=French 'fois')*
das erste Mal   *the first time*
mal ⎫
manchmal ⎭   *sometimes, now and then*
manchmal schon   *sometimes, it's true*
einmal   *once*

waren Sie schon einmal bei mir?   *have you ever been to see me before?*
zweimal am Tag   *twice a day*
Mittel(-)(das)   *remedy*
na   *well now*
obwohl   *although*
praktisch   (*see* '*Arzt*')
Prüfung(en)(die)   *examination*
eine Prüfung machen   *to take an examination*
recht (*see* 'sich fühlen')
Rezept(e)(das)   *prescription*
schlimm   *bad; serious*
etwas Schlimmes   *anything serious*
Schluck(··e)(der)   *draught*
Schmerzen(pl.)   *pain(s)*
seit +dat.   *since*
Spaziergang(··e)(der)   *walk, stroll*
einen Spaziergang machen   *to go for a walk*
Sprechstunde(n)(die)   *surgery hour*
Sprechstundenhilfe(n)(die)   *receptionist*
stören   *to disturb*
sie stören bei der Arbeit   *they disturb my work*
trotz(+gen)   *in spite of*
trotzdem   *in spite of that, nevertheless*
etwas tut mir weh   *something hurts me*
ungefähr   *approximately, about, roughly*
Ursache(n)(die)   *cause, reason*
verschreiben, -, verschrieb, hat verschrieben   *to prescribe*
versuchen   *to try*
wachbleiben(sep)   *to stay awake*
wahrscheinlich   *probably*
Wartezimmer(-)(das)   *waiting-room*
weh (*see* 'tut')
wieder   *again*
wohl (*see* 'sich fühlen')
zur Zeit   *at the present time*
zweimal (*see* 'Mal')

Fragen

A
1. Warum muß Herr Wagner zum Arzt?
2. Seit wann hat er Kopfschmerzen?
3. Wann geht man zu einem praktischen Arzt?
4. Wartet er eine Viertelstunde?
5. Muß er lange warten, weil er zu spät gekommen ist?
6. Wo warten die Leute bei einem praktischen Arzt?
7. Woher weiß Herr Wagner, daß der praktische Arzt bereit ist, mit ihm zu sprechen?
8. Was will der Arzt zuerst wissen?

9. Warum kennt er Herrn Wagner nicht?
10. Warum will Herr Wagner mit dem Arzt sprechen?
11. Seit wann fühlt er sich nicht wohl?
12. Hat er Zahnweh?
13. Warum sind ihm die Kopfschmerzen besonders lästig?
14. Geht er immer früh schlafen?
15. Warum kann er nachts nicht immer gut schlafen?

B   Write two or three sentences in answer to each of the following:

16. Was tut Herr Wagner gegen Kopfschmerzen?
17. Was machen Sie gegen Kopfschmerzen?   18. Was geschah vor dem Besuch beim Arzt?
19. Was macht eine Sprechstundenhilfe?   20. Was ist ein Rezept, und was macht man damit?

Drills

DRILL 1   Word order: Coordinating conjunctions

Beispiel: Fräulein Ammann läßt ihr Auto zu Hause.
Es ist kaputt.

Antwort: Fräulein Ammann läßt ihr Auto zu Hause, denn es ist kaputt.

Now begin:
Fräulein Ammann läßt ihr Auto zu Hause.
1. Es ist kaputt.
2. Es braucht zu viel Benzin.
3. Sie fährt mit der Bahn.
4. Sie braucht es nicht.
5. Sie geht lieber zu Fuß.
6. Herr Wagner nimmt sie mit.
7. Sie hat vor dem Verkehr Angst.
8. Der Motor springt nicht an.

DRILL 2   Word order: Subordinating conjunctions

Beispiel: Fräulein Ammann läßt ihr Auto zu Hause.
Es ist kaputt.

Antwort: Fräulein Ammann läßt ihr Auto zu Hause, weil es kaputt ist.

Now begin:
Fräulein Ammann läßt ihr Auto zu Hause.
1. Es ist kaputt.
2. Sie geht lieber zu Fuß.
3. Das Büro liegt gleich nebenan.
4. Sie braucht es nicht.
5. Herr Wagner nimmt sie mit.
6. Ihre Freundin holt sie ab.
7. Das Benzin ist teuer.
8. Sie hat mehr Zeit als sonst.

DRILL 3   Word order: Short responses

Beispiel: Das Gras ist naß. Es hat geregnet.
Warum ist das Gras naß?

Antwort: Weil es geregnet hat.

Now begin:
1. Das Gras ist naß.
   Es hat geregnet.
   Warum ist das Gras naß?
2. Die Luft ist kalt.
   Die Sonne scheint nicht.
   Warum ist die Luft kalt?

3. Das Thermometer fällt.
   Die Sonne scheint nicht.
   Warum fällt das Thermometer?
4. Das Thermometer fällt.
   Es wird immer kälter.
   Warum fällt das Thermometer?
5. Wir gehen nach Hause.
   Es ist dunkel geworden.
   Warum gehen wir nach Hause?

6. Wir gehen nach Hause.
   Es wird Abend.
   Warum gehen wir nach Hause?
7. Klaus macht das Licht an.
   Es ist dunkel geworden.
   Warum macht Klaus das Licht an?
8. Klaus macht das Licht an.
   Er möchte Zeitung lesen.
   Warum macht Klaus das Licht an?

DRILL 4   Word order: Short responses

Beispiel: Warum reisen Sie nach England?
(will Englisch lernen)

Antwort: Weil ich Englisch lernen will.

Now begin:
1. Warum reisen Sie nach England?
2. Warum trinken Sie soviel Kaffee?
3. Warum trägt er den Koffer nicht?
4. Warum müssen wir warten?
5. Warum hat er keinen Platz reserviert?
6· Warum bleibt der Wagen stehen?
7. Warum fahren Sie nach Spanien?
8. Warum studiert er Maschinenbau?

(will Englisch lernen)
(habe Durst)
(zu schwer)
(nicht vorgemerkt)
(hat es vergessen)
(Benzintank leer)
(Wetter dort besser)
(will Ingenieur werden)

DRILL 5   Word order: Subordinate clauses

Beispiel: Er wird bestimmt morgen kommen.

Antwort: Nein, ich glaube nicht, daß er morgen kommen wird.

Now begin:
1. Er wird bestimmt morgen kommen.
2. Der Arzt schreibt ihn bestimmt krank.
3. Er trinkt bestimmt zu viel Kaffee.
4. Der Wagen wird bestimmt bis acht Uhr fertig sein.

5. Es kostet bestimmt 9 000 Mark.
6. Die Tabletten sind bestimmt gut.
7. Er hat die Prüfung bestimmt bestanden.
8. Er ist bestimmt in der Apotheke.

6   Oral/Written Translation/Dictation

Am Mittwochabend//mußte ich zum Arzt gehen,//nicht weil ich krank war,//sondern weil meine Mutter neue Tabletten brauchte,//und selbst nicht gehen konnte.//Sie muß nämlich im Bett bleiben.//Obwohl ich nicht vorgemerkt war,//brauchte ich nur eine Viertelstunde zu warten.//Der Arzt gab mir das Rezept//für die neuen Tabletten//und sagte,//daß er meine Mutter am nächsten Tag besuchen würde.//

Zwanzig Minuten später//war ich in der Apotheke,//um die Tabletten zu holen,//als die Sprechstundenhilfe des Arztes hereinkam.//'Gut, daß ich Sie gefunden habe',//sagte sie.// 'Doktor Klaus//hat Ihnen nämlich die falschen Tabletten verschrieben.//Hier ist das richtige Rezept.'//

Nun, Ende gut, alles gut.//Ich brachte meiner Mutter die Tabletten,//und die Sprechstundenhilfe//ging mit mir nachher ins Kino.//

7   Translation, Oral/Written

I am buying my new car,//from the garage in town,//which sells a lot of BMWs.//I shall collect it a week on Monday.//I hope//that it will be better//than my old car//which I have now sold.//The manager,//who is in fact a good friend,//has said//that the new car//will have a guarantee for a year.//One can expect that,//of course,//when one is paying 9 000 DM.//

Grammar   *Use of tenses*

1.   In certain cases, German uses 'simpler' tenses than English, as the following examples from the dialogue show:

a.   *Seit zwei Wochen* **hat** *Herr W. Kopfschmerzen.*   Herr W. *has had* headaches for two weeks.

This use of the present tense with **seit** is extremely common (cf. the use of the present in French with '*depuis*', e.g.: *Je* **suis** *ici depuis deux jours* = I *have been* here for two two days). It implies that the state of affairs has been so, *and still is so.*
Likewise, German would use the *imperfect* in a sentence such as:
Seit zwei Wochen **hatte** *Herr W. Kopfschmerzen.*   Herr W. *had had* headaches for two weeks.

b.   *Trotzdem* **verschreibe** *ich Ihnen ein Mittel.*   Nevertheless, I *will* prescribe a remedy for you.

Ich **gehe** *am besten gleich in die Apotheke.*   I'*d* better go to the chemist's straight away.

German frequently uses the *present* tense to indicate the immediate future.

c.   **Waren** *Sie schon einmal bei mir in der Sprechstunde?*   *Have* you ever *been* to my surgery before?

Likewise, a foreign visitor to Germany will often be asked: **Waren** *Sie schon einmal in Deutschland?*   *Have* you ever *been* to Germany before? To which he may answer:
Nein, ich **war** *noch nie hier.*   No, I *have* never *been* here before; or: *Ja, ich* **war** *schon zweimal hier* = Yes, I *have been* here twice before.

d.   *Ich* **bin** *heute das erste Mal bei Ihnen.*   This is the first time I *have been* to see you.
Likewise: *Er* **war** *das erste Mal in Berlin.*   That was the first time he *had been* to Berlin.

The examples under *c* and *d* should be mastered as idioms.

2.   A further 'subordinating' conjunction met with in the dialogue of Unit 7 is **da** (as, since):
Machen Sie einen Spaziergang, **da** *Sie so viel sitzen und lesen.*

3.   It should be carefully noted, however, that **da** introducing a clause is sometimes not a conjunction but an *adverb* meaning 'then', 'in that case' (in addition to its obvious possible meaning of 'there'). Since it stands first in its clause, it is followed immediately by the main verb:

Da bleiben *Sie abends lang auf*   *In that case* you stay up late in the evenings.
Da haben *wir einige Ursachen . . .*   *In that case* we have some reasons . . .
The meaning of *da* must therefore be determined by the word order which follows it.

Dialog	*Auf der Post*
Postbeamter	Sie wünschen, bitte?
Kunde	Ich möchte Sie etwas fragen. Wieviel kostet ein Brief ins Ausland?
Postbeamter	Für einen normalen Brief zahlt man sechzig Pfennig, für eine Postkarte dreißig Pfennig. Das Porto wurde kürzlich erhöht.
Kunde	Was heißt hier normal?
Postbeamter	Nach den neuen Bestimmungen darf ein Brief nicht mehr als zwanzig Gramm wiegen.
Kunde	So, so. Geben Sie mir also zehn Briefmarken zu fünfzig Pfennig und fünf zu dreißig.
Postbeamter	Hier bitte sehr. Das macht zusammen sechs Mark fünfzig. Sonst noch etwas?
Kunde	Wie lange braucht ein Brief von hier nach Düsseldorf?
Postbeamter	Das kommt darauf an. Wenn er heute eingeworfen wird, wird er übermorgen ausgetragen. Aber ohne Postleitzahl braucht er meistens länger.
Kunde	Verzeihung, was heißt 'Postleitzahl'?
Postbeamter	Jeder Ort in Deutschland hat eine eigene Zahl. Städte, die nahe beieinander liegen, haben ähnliche Nummern. Köln hat zum Beispiel 5. Die Postleitzahl von Bonn ist 53.
Kunde	Das ist klar. So kann die Post schneller sortiert werden.
Postbeamter	Ja, das System wurde vor ein paar Jahren eingeführt. Aber bitte vergessen Sie nicht: auch Absender und Adresse sollen deutlich geschrieben werden.
Kunde	Natürlich. Wo kann man hier telefonieren?
Postbeamter	Dort drüben sind die Telefonzellen. Aber sie sind gerade alle besetzt.
Kunde	Ich möchte ein Ferngespräch nach Hamburg führen.
Postbeamter	Ach so, ein Ferngespräch. Die werden am Schalter 17 angemeldet. Dort, wo Telegramme angenommen werden. Übrigens, Sie können auch durchwählen.
Kunde	Haben Sie ein Verzeichnis der Vorwahlnummern?
Postbeamter	Es liegt in der Kabine.

Vocabulary

Absender(-)(der) *sender*
ähnlich *similar*
also *so; therefore*
anmelden(sep) *to book*
annehmen(sep), nimmt an, nahm an, hat
  angenommen *to accept*
Auskunft(die) *information*
austragen(sep), trägt aus, trug aus, hat
  ausgetragen *to deliver*
Beispiel(e)(das) *example*
zum Beispiel *for example*
besetzt *occupied*
Bestimmung(en)(die) *regulation*
Briefmarke(n)(die) *stamp*
deutlich *clear, distinct*
dort drüben *over there*
durchwählen(sep) *to dial straight through*
dürfen, darf, durfte, hat gedurft *to be allowed,*
  'may'
eigen *own*
eine eigene Zahl *its own number*
einführen(sep) *to introduce*
einwerfen(sep), wirft ein, warf ein, hat
  eingeworfen *to post*
erhöhen *to raise, increase*
Ferngespräch(e)(das) *long distance call*
ein Ferngespräch nach Hamburg führen *to make*
  a long-distance call to Hamburg
was heißt . . .? *what is the meaning of . . .?*

jeder *each; every (takes endings of definite*
  article)
Kabine(n)(die) *kiosk; booth*
klar *clear*
das ist klar *I see*
das kommt darauf an *that depends*
kürzlich *recently*
meistens *mostly*
nach (+dat.) *according to*
nahe *near: close*
nahe beieinander *close to one another*
Ort(e)(der) *place; locality*
Porto(das) *postage*
Postamt(¨er)(das) *post office*
Postleitzahl(en)(die) *postal district number*
Schalter(-)(der) *counter*
sonst noch etwas? *anything else?*
Telefonzelle(n)(die) *phone box, kiosk*
übermorgen *the day after tomorrow*
übrigens *by the way*
Verzeichnis(se)(das) *list; index*
Verzeihung *sorry, I beg your pardon*
Vorwahlnummer(n)(die) *(telephone)code*
wiegen, -, wog, hat gewogen *to weigh*
wünschen *to wish, desire*
Sie wünschen, bitte? *Can I help you?*
  What can I do for you?
Zahl(en)(die) *number*
zahlen *to pay*

Fragen

A

1. Wo ist der Kunde?
2. Was möchte er vom Postbeamten wissen?
3. Was ist billiger, ein Brief oder eine
   Postkarte?
4. Warum ist das Porto jetzt so hoch?
5. Wieviele Tage braucht ein Brief nach
   Düsseldorf?
6. Wie heißt die Postleitzahl von Köln?
7. Welche Städte haben ähnliche Nummern?
8. Liegen Köln und Bonn nahe beieinander?

9. Wann wurden die Postleitzahlen eingeführt?
10. Was kostet ein Brief ins Ausland?
11. Wessen Adresse soll deutlich geschrieben
    werden?
12. Was für ein Gespräch möchte der Kunde
    führen?
13. Wo werden Ferngespräche angemeldet?
14. Wofür bedankt sich der Kunde?
15. Welche Auskunft gibt ihm der Postbeamte?

B   Write two or three sentences in answer to each of the following:

16. Erklären Sie das System der Postleitzahlen!
17. Sie wollen einen Brief nach Düsseldorf schicken. Was tun Sie?

18. Wie schreibt man eine deutsche Adresse?   19. Was ist eine Vorwahlnummer?

20. Warum kann man heute schneller telefonieren?

Drills

DRILL 1   Passive: Imperfect tense

Beispiel: Man kaufte das Buch.   *Antwort:* Wann wurde es gekauft?

Now begin:
1. Man kaufte das Buch.
2. Man steigerte die Produktion.
3. Man zahlte das Porto.
4. Man suchte die Telefonzelle.
5. Man tankte Benzin.

6. Man machte eine Geschäftsreise.
7. Man fragte den Schaffner.
8. Man suchte ein Zimmer.
9. Man rauchte Zigarren.
10. Man öffnete den Brief.

DRILL 2   Passive: '*I was told that* . . .'

Beispiel: Ein Brief kostet dreißig Pfennig.   *Antwort:* Mir wurde gesagt, daß ein Brief dreißig Pfennig kostet.

Now begin:
1. Ein Brief kostet dreißig Pfennig.
2. Die Postleitzahl ist wichtig.
3. Man kann hier telefonieren.
4. Ich soll am Apparat bleiben.
5. Ein Brief für mich ist da.

6. Herr Brau ist nicht hier.
7. Alle Telefonzellen sind besetzt.
8. Der Brief kommt morgen an.
9. Ein Luftpostbrief ist ziemlich teuer.

DRILL 3   Passive: Perfect tense

Beispiel: Man hat den Brief noch nicht geschrieben.   *Antwort:* Was, der Brief ist noch nicht geschrieben worden!?

Now begin:
1. Man hat den Brief noch nicht geschrieben.
2. Man hat die Maschine noch nicht überprüft.
3. Man hat den Direktor noch nicht gefragt.
4. Man hat die Bremsen noch nicht nachgestellt.
5. Man hat das Geld noch nicht überwiesen.

6. Man hat den Vertrag noch nicht unterzeichnet.
7. Man hat das Porto noch nicht erhöht.
8. Man hat das Postleitzahlsystem noch nicht eingeführt.

DRILL 4   Passive: Short responses

Beispiel: Das Porto wird erhöht.
Was wird erhöht?
Ab wann wird es erhöht?
Was ist mit dem Porto?

Antwort: Das Porto.
Ab morgen.
Es wird erhöht.

Now begin:
1. Das Porto wird erhöht.
   Was wird erhöht?
   Ab wann wird es erhöht?
   Was ist mit dem Porto?

2. Die meisten Briefe werden am Wochenende geschrieben.
   Was wird geschrieben?
   Wann werden sie geschrieben?
   Was ist mit den Briefen?

3. Ihr Auto wird bis übermorgen repariert.
Was wird repariert?
Bis wann wird es repariert?
Was ist mit dem Auto?
4. Der gesamte Export ist letztes Jahr um 10%
gestiegen.
Was ist gestiegen?
Wann ist er gestiegen?
Was ist mit dem Export?
5. Alle Telefonzellen sind kurz vor 6 Uhr
besetzt.
Was ist besetzt?

Wann sind sie besetzt?
Was ist mit den Telefonzellen?
6. Diese Pakete sind gestern in Westberlin
abgeschickt worden.
Was ist abgeschickt worden?
Wann war das?
Was ist mit den Paketen?
7. Herr Braun wird seit 12 Uhr mittags im
ganzen Haus gesucht.
Wer wird gesucht?
Wo wird er gesucht?
Seit wann?

5   Oral/Written Translation/Dictation

Mein Bruder war zur Post gegangen,//um Briefmarken zu kaufen.//Da das Postamt um 6 Uhr
geschlossen wird//hatte er nicht viel Zeit.//Als er vor dem Postamt die Straße überqueren wollte,//
paßte er nicht auf,//und wurde von einem Motorrad überfahren.//Ich stand da, hilflos,// und
konnte nichts machen.//Er wurde vom Krankenwagen ins Krankenhaus gebracht.//Sein linkes
Bein war gebrochen,//und er hatte sehr heftige Kopfschmerzen.//Er mußte 10 Tage dort
bleiben,//sonst war alles in Ordnung.//Ich mußte//ein Ferngespräch mit meiner Mutter führen,//
die gerade in Hamburg bei ihrer Schwester war.//Sie ist dann gleich am nächsten Morgen
zurückgekommen.//

6   Oral/Written Translation

I wanted to see you, doctor,//although I know//that you have a great deal to do,//and that
probably//nothing is wrong with me.//Can you give me some tablets?//I have had headaches//
which are a nuisance//because they disturb my work.//I can't go to bed//whenever I have a
headache//because I must make a business trip next month,//and before I go to Leipzig//I must
write about 200 letters!//

Grammar   *Passive (1)*

Consider the following sentences:
a. I wrote a letter   *b.* A letter was written by me
Sentence (*a*) has a subject, active verb and a direct object;
Sentence (b) has made what was the direct object (a letter) into the *subject*, and the verb is now
        passive, i.e. consisting of '*to be*' plus the *past participle*.

1.   German forms its passive similarly, except that instead of '*to be*', **werden** is used. On the
left of the following table, the different tenses of *werden* (3rd sing.) are indicated:

PRESENT:	*wird*	*Ein Brief* **wird** *geschrieben*	A letter *is* (being) written
FUTURE:	*wird werden*	*Ein Brief* **wird** *geschrieben* **werden**	A letter *will be* written
IMPERFECT:	*wurde*	*Ein Brief* **wurde** *geschrieben*	A letter *was* written
PERFECT:	*ist geworden*	*Ein Brief* **ist** *geschrieben* **worden**	A letter *has been* written
PLUPERFECT:	*war geworden*	*Ein Brief* **war** *geschrieben* **worden**	A letter *had been* written

Note. In the passive, **geworden** is always shortened to **worden**.

2   The person, etc. *by* whom the action is performed, is indicated by **von**:

   *Ein Brief wurde **von** dem Chef geschrieben.*   A letter was written *by* the boss.

3.   Drill 5 contains a sentence which appears to use **sein** instead of **werden** to make the passive:

   *Sein linkes Bein **war** gebrochen.*   His left leg *was* broken.

This construction indicates a state of affairs already existing, i.e. the sentence does not refer to the moment of the accident, but to what was found to be the case when the patient reached hospital. Here is a further example:

   *Das Postamt **ist** um 6 Uhr geschlossen.*   The post office is (already) closed at 6 o'clock.

BUT: *Das Postamt **wird** um 6 Uhr geschlossen*   The post office is closed at 6 o'clock. (i.e. someone closes it at that time.)

LETTER-WRITING IN GERMAN

1.   Starting and ending a letter

(Formal)	*Sehr geehrter Herr!*		*Hochachtungsvoll!*
	(Dear Sir)	(or)	*Mit vorzüglicher Hochachtung!*
	Sehr geehrter Herr Dr. X.!		(Yours faithfully)
	(Dear Dr. X.)		
	Sehr geehrte Herren!		
	(Dear Sirs)		
(Less formal)	*Lieber Herr X!*		*Mit freundlichen Grüßen*
	Liebe Frau X!	(or)	*Mit herzlichen Grüßen*
	Liebes Fräulein X!		(Yours sincerely)
	Lieber Herr, Liebe Frau X!		
(Familiar)	*Lieber Hans!*		*Herzliche Grüße*
	Liebe Anne!	(or)	*Viele liebe Grüße*
	Liebe Familie X!		(Yours sincerely)

NOTE. *a.* The use of the exclamation mark (!) after the greeting is still regarded by some as obligatory. It is, however, gradually being replaced by the comma.

   b. After the greeting, the first sentence begins on the left-hand margin, i.e. it is not indented as in English. Thus:

   Lieber Hans!
   Vielen Dank für Deinen lieben Brief . . .

   c. All words for 'you', 'your', etc., are written with an initial capital letter, e.g.: *Du, Dich, Dir, Dein; Ihr, Euch, Euer; Sie, Ihnen, Ihr;* etc. The possessive adjective *Ihr* is used on a line by itself above the final signature, thus:

   Ihre
   Mary Jones

2.   Addressing a letter.

   a.   The sender's full address normally appears not at the head of the letter but on the reverse flap of the envelope. It is introduced by *Abs.* (short for *Absender,* i.e. sender). At the head of the letter it is sufficient to put the sender's town and the date, in the top right corner, e.g.:   *London, den 28. Mai 1971*

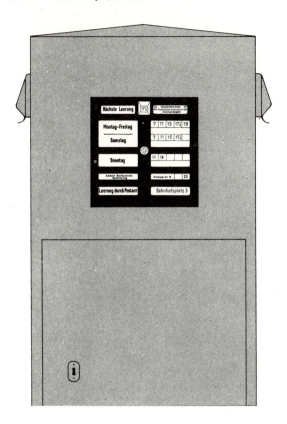 

b.   The recipient's address appears on the envelope in the following form:

> *Herrn*
> *Jakob Müller*
> *5 KÖLN 41*
> *Universitätsstraße 75*
> *BRD*

(i)   **Herr** invariably adds **-n** in the recipient's address. Other words e.g. **Frau**, **Familie**, **Fräulein**, remain unchanged.

(ii)   The 'style' of the recipient has a line to itself.

(iii)   The town and its postal area, preceded by the postcode (*Postleitzahl*), appears on the line following the recipient's name. The postcode protrudes on the left, and the name of the town is made prominent by underlining and/or by using capitals or spaced type. Larger cities are subdivided into postal districts which are indicated by numbers.

(iv)   The street name is written as one word and is followed by the house number. These stand on the line below the town name, etc.

(v)   *BRD = Bundesrepublik Deutschland*

Dialog   *Haben Sie noch Fragen?*

Eine Gruppe von ausländischen Praktikanten hat einen Chemie-Konzern am Rhein besichtigt.
Die Führung dauerte bis fünf Uhr. Nun sitzen alle in der Kantine. Es wird Kaffee getrunken,
geraucht und diskutiert.

Ingenieur	Sie haben sich in unserem Werk umgesehen, meine Damen und Herren. Durch den Rundgang wurden die meisten technischen Fragen geklärt, glaube ich. Haben Sie noch andere Fragen?
A	Sagen Sie bitte noch einmal, welche Gebiete Ihre Produktion umfaßt.
Ingenieur	Das läßt sich in ein paar Worten schwer sagen. Ich möchte Ihnen aber einige Stichworte geben: Wir produzieren Chemikalien, Farbstoffe und Pharmazeutika. Dazu kommen Synthese-Fasern, Tonbänder und Kunststoffe aller Art.
B	Von wem werden diese Produkte gekauft?
Ingenieur	Hauptabnehmer sind andere Industriezweige. Ferner die Landwirtschaft und der Haushalt. Denken Sie in diesem Zusammenhang nur an Düngemittel und Waschmittel.
C	Wie hat sich der Export entwickelt?
Ingenieur	Sie meinen wohl die Exporte im letzten Jahr? Vergleichen wir die neuesten Zahlen. Die Produkte, die von uns exportiert wurden, waren insgesamt fünfhundert Millionen Mark wert. Das sind 10 Prozent mehr als im vorigen Jahr.
A	Und die Zahl der Beschäftigten? Stieg sie ebenso wie der Umsatz?
Ingenieur	Natürlich nicht. Die Belegschaft wuchs nur um eineinhalb Prozent. Viele Arbeitskräfte konnten durch Rationalisierung eingespart werden.
B	Können wir noch etwas über Rationalisierung sprechen? Damit ist doch wohl Automation und Programmierung gemeint.
Ingenieur	Das ist stark vereinfacht, aber sicherlich zutreffend.
B	Welche Abteilungen sind davon besonders betroffen?
Ingenieur	Buchhaltung und Versand zum Beispiel. Bestellungen werden automatisch bearbeitet. Rechnungen werden schnell und richtig geschrieben.
C	Und in der Produktion selbst? Welche Rolle spielt die Datenverarbeitung da?
Ingenieur	Ich gebe Ihnen ein Beispiel. Die Herstellung eines Werkstückes kann programmiert werden. Zuerst werden die nötigen Daten für die Fertigung auf einem Magnetband gespeichert. Das Band steuert dann die Maschine, etwa eine Drehbank. Es können auch mehrere Arbeitsgänge gekoppelt sein. Man nennt das dann eine 'Taktstraße'. Aber das Ende der Entwicklung läßt sich noch gar nicht absehen.
A, B, C,	Vielen Dank für die interessante Führung.
Ingenieur	Danke fürs Zuhören. Ich habe mich über Ihren Besuch gefreut.

Vocabulary

absehen(sep), sieht ab, sah ab, hat abgesehen
   foresee
das Ende läßt sich nicht absehen   *the end is not*
   in sight, cannot be foreseen
Abteilung(en)(die)   *department*
aller Art   *of all kinds*
ander   *other*
Arbeitsgang(¨e)(der)   *process*
Arbeitskräfte(pl.)   *workers; labour force*
ausländisch   *foreign*
Band(¨er)(das)   *tape; ribbon*
Tonband   *recording tape*
Magnetband   *magnetic tape*
bearbeiten   *to deal with*
Belegschaft(en)(die)   *personnel*
beschäftigen   *to occupy*
beschäftigt   *occupied, busy*
die Beschäftigten   *employees*
besichtigen   *to inspect, visit*
besonders   *particularly, especially*
Bestellung(en)(die)   *order*
betreffen, betrifft, betraf, hat betroffen   *to affect*
welche Abteilungen sind davon betroffen?   *which*
   departments are affected by it?
Buchhaltung(die)   *accounts department,*
   book-keeping
Chemie(die)   *chemistry*
Chemie-Konzern(e)(der)   *chemical plant*
Chemikalien(pl.)   *chemicals*
Daten(pl.)   *data*
Datenverarbeitung(die)   *data processing*

dauern   *to last*
denken, -, dachte, hat gedacht (an+acc.)   *to*
   think (of)
Drehbank (¨e)(die)   *lathe*
Düngemittel(-)(das)   *fertilizer*
ebenso wie   *just as much as*
einige   *some, a few*
einmal   *once*
noch einmal   *once more*
einsparen(sep)   *to save, economize on*
entwickeln   *to develop*
Entwicklung(en)(die)   *development*
etwa   *let's say; for example*
Farbe(n)(die)   *colour; paint*
Farbstoff(e)(der)   *dye*
Faser(n)(die)   *fibre*
ferner   *also; in addition*
Fertigung(die)   *manufacture*
sich freuen über(+acc).   to enjoy
Führung(en)(die)   *conducted tour*
gar nicht   *not at all*
Gebiet(e)(das)   *area; field (of activity)*
Gruppe(n)(die)   *group*
Hauptabnehmer(-)(der)   *main customer*
Haushalt(der)   *household*
Herstellung(die)   *manufacture, production*
insgesamt   *in all, all together*
klären   *to clear up, explain*
koppeln,   *to couple up*
Kunststoff(e)(der)   *plastic*
Landwirtschaft(die)   *agriculture*

lassen, läßt, ließ, hat gelassen *to allow*;   *let*
  (*see grammar notes of Unit 19, para. 3.*
Magnetband (*see* 'Band')
mehrere   *several*
meinen   *to mean*
damit ist gemeint   *by that is meant*
nennen, -, nannte, hat genannt   *to call, name*
neuest (*superlative of* 'neu')
die neuesten Zahlen   *the latest figures*
nötig   *necessary*
Praktikant(en)(der)   *trainee*
Prozent   *per cent*
zehn Prozent   10%
Rationalisierung(die) *rationalization*
Rechnung(en)(die)   *invoice, bill*
Rolle(n)(die)   *role, part*
eine Rolle spielen   *to play a part*
Rundgang("e)(der)   *tour, walk round*
schreiben, -, schrieb, hat geschrieben   *to write*
schwer   *difficult; heavy*
das läßt sich schwer sagen   *that's difficult to say*
selbst   *itself (can be used with any person, e.g.* ich
  selbst, *I myself;* wir selbst, *we ourselves*)
sicherlich   *certainly*
speichern   *to store*
steigen, -, stieg, ist gestiegen   *to rise; increase;
  climb*
steuern   *to control*
Stichwort("e)(das)   *key-word*

Taktstrasse(n)(die)   *assembly line*
Tonband (*see* 'Band')
umfassen(insep)   *to embrace; cover*
Umsatz(der)   *turnover*
sich umsehen(sep), sieht sich um, sah sich um, hat
  sich umgesehen   *to look round*
vereinfachen   *to simplify*
das ist stark vereinfacht   *that's greatly simplified*
vergleichen, -, verglich, hat verglichen   *to compare*
Versand (der)   *dispatch*
vorig   *previous*
im vorigen Jahr   *in the previous year*
wachsen, wächst, wuchs, ist gewachsen   *to grow*
es wuchs um einhalb Prozent   *it grew by* $\frac{1}{2}$%
Waschmittel(-)(das)   *washing powder*
Werk(e)(das)   *works; work*
Werkstück(e)(das)   *article*
wert   *worth*
eine Mark wert   *worth 1 Mark*
wohl   *I suppose*
Zahl(en)(die)   *figure, number*
zuerst   *first of all*
zuhören(sep)   *to listen*
Danke fürs Zuhören   *thanks for listening*
Zusammenhang("e)(der)   *connection*
zutreffend   *to the point, apt*
Zweig(e)(der)   *branch*
Industriezweig   *branch of industry*

Fragen

A

1. Wie lange dauert die Führung?
2. Was wurde von der Gruppe besichtigt?
3. Was ist ein Praktikant?
4. Was studieren diese Praktikanten?
5. Was haben die Praktikanten gerade gemacht?
6. Wer beantwortet jetzt ihre Fragen?
7. Welche Fragen sind durch den Rundgang geklärt worden?
8. Was will der erste Besucher wissen?
9. Fällt es dem Ingenieur leicht, kurz zu antworten?
10. Produziert die Firma Chemikalien?
11. Welche Chemikalien kauft die Landwirtschaft?
12. Und was braucht der Haushalt?
13. Wodurch werden Arbeitskräfte eingespart?
14. Um wieviel wuchs die Belegschaft?
15. Was versteht der zweite Praktikant unter Rationalisierung?

B   Write two or three sentences in answer to each of the following:

16. Welche Produkte der chemischen Industrie kennen Sie?
17. Wo kann die Industrie rationalisieren?
18. Was ist ein Praktikant?
19. Wodurch kann der Umsatz einer Firma gesteigert werden?
20. Warum braucht die Landwirtschaft die chemische Industrie?

Drills

DRILL 1   Passive: Impersonal form

Beispiel: über die Führung.

Antwort: Bis 1 Uhr wurde über die Führung diskutiert.

Now begin:
1. über die Führung.
2. über das Produktionsprogramm.
3. über die neuen Synthese-Fasern.
4. über die Landwirtschaft.
5. über die Exporte im letzten Jahr.
6. über die Zahl der Beschäftigten.
7. über die Automation.
8. über die Rolle der Datenverarbeitung.
9. über eine neue Taktstraße.
10. über die automatische Drehbank.

DRILL 2   Short answers

Beispiel: Der Paß wird vom Zollbeamten geprüft.
Was wird vom Zollbeamten geprüft?
Von wem wird der Paß geprüft?

Antwort:
Der Paß.
Vom Zollbeamten.

Now begin:
1. Der Paß wird vom Zollbeamten geprüft.
   Was wird vom Zollbeamten geprüft?
   Von wem wird der Paß geprüft?
2. Das Werk wurde von den Praktikanten besichtigt.
   Was wurde von den Praktikanten besichtigt.
   Von wem wurde das Werk besichtigt?
3. Neue Mitarbeiter wurden von der Firma eingestellt.
   Wer wurde von der Firma eingestellt?
   Von wem wurden neue Mitarbeiter eingestellt?
4. Die Produktion wurde durch die Automation gesteigert.
   Was wurde durch die Automation gesteigert?
   Wodurch wurde die Produktion gesteigert?
5. Die Daten werden von den Tonbändern gespeichert.
   Was wird von den Tonbändern gespeichert?
   Wie werden die Daten gespeichert?
6. Robert wird von seinem Freund eingeladen.
   Wer wird von seinem Freund eingeladen?
   Von wem wird Robert eingeladen?
7. Viele Fluggäste werden von der Lufthansa befördert.
   Wer wird von der Lufthansa befördert?
   Von wem werden viele Fluggäste befördert?
8. Das Porto wird von der Post erhöht.
   Was wird von der Post erhöht?
   Von wem wird das Porto erhöht?

DRILL 3   Relative pronouns

Beispiel: die Sie hier sehen

Antwort: Alle Produkte, die Sie hier sehen, werden von unserer Firma hergestellt.

Now begin:
1. die Sie hier sehen
2. über die wir sprechen
3. die Sie erwähnen
4. die Sie bestellt haben
5. die auf der Liste stehen
6. die exportiert wurden
7. die im Ausland verkauft werden
8. die auf dem Markt sind
9. die lieferbar sind

DRILL 4   Passive: Present tense

Beispiel: Ein Verkaufsleiter führt die Gruppe.

Antwort: Nein, das stimmt nicht, die Gruppe wird von dem Direktor selbst geführt.

Now begin:
1. Ein Verkaufsleiter führt die Gruppe.
2. Ein Prokurist bezahlt die Rechnung.
3. Ein Ingenieur unterzeichnet den Vertrag.
4. Ein Praktikant besichtigt das Werk.
5. Ein Vertreter kauft die Maschine.
6. Ein Manager leitet das Tochterwerk.
7. Eine Arbeitsgruppe entwickelt den Plan.
8. Eine Sekretärin beantwortet den Brief.

DRILL 5   *Man* as alternative to passive voice

Beispiel: Ist der Vertrag schon unterzeichnet worden?

Antwort: Ja, man hat den Vertrag sicher schon unterzeichnet.

Now begin:
1. Ist der Vertrag schon unterzeichnet worden?
2. Sind die Kunststoffe schon verkauft worden?
3. Sind die Bestellungen schon bearbeitet worden?
4. Sind die Arbeitsgänge schon gekoppelt worden?
5. Sind die neuen Methoden schon eingeführt worden?
6. Ist sie schon ins Krankenhaus gebracht worden?
7. Ist der Mann schon gefunden worden?
8. Ist das Waschmittel schon abgeschickt worden?

6   Oral/Written Translation/Dictation

Die Exporte unseres Werkes//sind im letzten Jahr sehr gestiegen.//Fast 70% der Gesamtproduktion//wurde exportiert.//60 000 Tonnen verschiedener Chemikalien//wurden produziert.//Dabei wurden die meisten Arbeitsgänge stark rationalisiert,//so daß unsere Kosten// nur um 9% gestiegen sind,//während die Gesamtproduktion um 18% gestiegen ist.//

Weil wir für den Export in die anderen EWG-Länder soviel tun,// kommen viele Vertreter der ausländischen Industrie zu uns,//um unsere Methoden besser kennenzulernen.//Ein Mann in unserer Abteilung//führt den ganzen Tag solche Gruppen.//Wir geben im Jahr mindestens DM 15 000 aus,//um solche Führungen zu organisieren.//So steigen die Kosten.//Dumm, was?//

7   Oral/Written Translation/Dictation

Yesterday//I had a letter from my friend John,//who is works manager of a big firm.//The letter was posted on Monday.//It took four days!//It is a nuisance,//because in the letter//he invited me to the works on Wednesday,//in order to discuss their new machines,//and now it is too late.//The letter was late,//because he had forgotten//to write the postal code for our town.// He had also forgotten//that the postage has been increased,//and I had to pay 30 Pfennig for an invitation//which arrived too late!//

Reading passage

Dreck, den wir atmen

Würde man all das Papier verbrennen, auf dem die Verpestung der Atemluft schon erfolglos beklagt worden ist – die Sonne würde sich verdunkeln hinter der aufsteigenden

Rauchwolke. Vielleicht würde der anschließende Aschenregen nachhaltiger zur Besinnung beitragen als das geduldige Papier – vielleicht. Wie mit dem Lärm und der Wasserverschmutzung, so steht es auch mit der verunreinigten Luft: es wird viel geschrieben und **5** geredet, und es wird zu wenig getan.

Dabei weiß jeder um die Wurzeln des Übels. Wirtschaftliche Interessen werden über das Allgemeinwohl gestellt. Das ist das eine. Das andere ist unsere Abneigung gegen den Konsumverzicht. Wir prangern zwar die verpestete Luft an, doch meinen wir, damit sei es getan. Wo uns persönliche Nachteile erwachsen, oder Bequemlichkeiten abhanden kommen könnten, **10** da versagen wir schon. Beispiel: Als der Chef des Volkswagen-Planungsstabes . . . auf der Futurologen-Tagung *Systems 69* in München gefragt wurde, ob die unablässige Zunahme der Autos auf unseren Straßen einer vernünftigen Zukunftsplanung zuwider liefe, fand er die schlichte Rechtfertigung: 'Die Leute wollen eben das Automobil . . .'

Freilich ist das Automobil auch der Hauptlieferant einer der übelsten Luftverunreinigungen: **15** des Kohlenmonoxids, eines farb- und geruchlosen Gases, dessen Verträglichkeitsgrenze für den Menschen bei 0, 01 Prozent der Atemluft liegt. Schon vor dieser Grenze löst Kohlenmonoxid jedoch Fehlleistungen aus: Reaktionsfehler, falsches Beurteilen von Verkehrssituationen, und dergleichen. Am Auspuff eines mittelgroßen Autos werden in der Luft bis zu 10 Prozent Kohlenmonoxid gemessen. **20**

An der Wiener Opernkreuzung mußten einmal nacheinander fünf Verkehrspolizisten mit Ohrensausen in ärztliche Behandlung gebracht werden. Zwei erlitten Ohnmachtsanfälle. Auch Säuglinge und Kleinkinder, die von ihren Müttern im Kinderwagen durch verkehrsreiche Straßen geschoben werden, leben gefährlich, weil sie der kohlenmonoxidhaltigen Bodenluft mehr ausgesetzt sind als die Erwachsenen. **25**

Kohlenmonoxid ist nur einer von zahlreichen Stoffen, mit denen wir jenes 'Lebensmittel' verpesten, das unserer Atmung dient und das wir nötiger haben als Wasser und Brot.

Die Zeit/27.2.1970.

Grammar   *Passive (2)*

1.   Certain verbs can be used in the passive with the impersonal subject *es*. Note the English translation of such constructions:

  Es wird diskutiert.   There is discussion.
  Es wurde getanzt.   There was dancing,

Note. Impersonal *es* drops out if, for any reason, subject and verb are inverted, e.g.:

  Wann wird diskutiert?   Where is there discussion?
  Am Abend wurde getanzt.   In the evening there was dancing.

The passive is used less in German than in English, and can often be avoided, e.g. by the following methods:

2.   MAN

  Man *hat den Vertrag unterschrieben.*   The contract has been signed.
  Man *sagt, dass* . . .   It is said that . . .
  (French uses *on* in precisely the same way: *on dit que* . . .)

3.   ZU + INFINITIVE

  With the verb **sein**, this construction is passive in meaning:

  Der Vertrag **ist** *noch* **zu unterschrieben**.   The contract is still *to be signed.*
  Das **war** *noch* **zu erklären**.   That was still *to be explained.*

Dialog   *Am Abend wird der Faule fleißig*

Peter und Max waren beim Skifahren in Österreich. Gestern kamen sie nach München zurück. Heute trafen sie vor der Universität eine Bekannte, Karin.

Max	Hallo, Karin! Wie geht es dir? Hast du viel gearbeitet?
Karin	Nicht besonders viel, aber ich war sicher fleißiger als ihr. Ihr seht gut aus, ganz braun. Wart ihr beim Skifahren?
Peter	Du hast es erraten. Wir sind für ein paar Tage nach Tirol gefahren. Max wollte seine neuen Metallski ausprobieren.
Karin	Das ist natürlich wichtiger als das Studium. Hoffentlich war das Wetter so schön wie hier.
Max	Nein, ich glaube, es war schlechter als in München. Oft schneite es. Manchmal sahen wir nicht weiter als zehn Meter.
Karin	Das macht euch sicher wenig aus. Ihr fahrt im Nebel genauso schnell wie bei klarem Wetter.
Peter	Einen Vorteil hatte es doch: Es waren fast gar keine Leute unterwegs.
Max	Deshalb standen wir auch vor dem Lift nur selten Schlange.
Karin	Wahrscheinlich seid ihr weniger als sonst zu Fuß gestiegen.
Peter	Ganz im Gegenteil. Wir haben eine Tour auf die Wildspitze gemacht. Der Berg ist höher als dreitausend Meter.
Karin	Großartig! Das war sicher sehr anstrengend.
Max	Na ja, der Schnee war ziemlich tief. Wir sind deshalb öfter gestürzt als gewöhnlich. Aber es ist nichts passiert.
Peter	Aber das war nicht das aufregendste Erlebnis.
Karin	Was war denn sonst noch los?
Max	Einmal blieb die Seilbahn stehen. Wir mußten ziemlich lange in der kleinen Kabine warten. Die Leute wurden schon ängstlich.
Karin	Ich sehe, daß ihr wenigstens nicht erfroren seid.
Peter	Wir hatten Glück. Nach einer Stunde hatten die Mechaniker im Tal die Anlage wieder repariert und es ging weiter.
Karin	Ihr habt mehr erlebt, als ich dachte. Schade, daß ich nicht dabei war. Übrigens, ich gehe gerade ins Café. Geht ihr mit?
Peter	Ich würde gern mitgehen. Aber wir müssen vor sechs Uhr noch in die Bibliothek.
Karin	Ich verstehe. Am Abend wird der Faule fleißig. Also, auf Wiedersehen bis morgen.
Max, Peter	Wiedersehen, Karin.

Vocabulary

ängstlich   *scared, anxious*

Anlage(n)(die)   *equipment, plant, installation*

anstrengend   *strenuous*

aufregend   *exciting*

ausmachen(sep)   *to make a difference*

das macht mir nichts aus   *that makes no difference
     to me*

ausprobieren(sep)   *to try out*

aussehen(sep), sieht aus, sah aus, hat ausgesehen
     to look, e.g.: ihr seht gut aus you look fine

Bekannte(n)(der *or* die)   *acquaintance*

besonders   *especially*

bis   *until*

auf Wiedersehen bis morgen!   *see you tomorrow!*

dabei   *present, on hand*

denken, -, dachte, hat gedacht   *to think*

deshalb   *that's why, for that reason*

doch   *though, nevertheless*

erfrieren, -, erfror, ist erfroren   *to freeze to death*

erleben   *to experience*

Erlebnis(se)(das)   *experience*

erraten, errät, erriet, hat erraten   *to guess
     (correctly)*

du hast es erraten   *you've guessed it*

etwa   *about, approximately*

fast   *almost*

fast gar keine Leute   *hardly any people at all*

faul   *lazy*

fleißig   *hard working*

am Abend wird der Faule fleißig   *better late than
     never*

zu Fuß   *on foot*

Gegenteil(e)(das)   *opposite*

ganz im Gegenteil   *quite the reverse*

genau   *exact(ly), precise(ly)*

genauso schnell wie   *just as fast as*

gerade   *just (now)*

ich gehe gerade   *I'm just going*

gewöhnlich   *usual*

Glück(das)   *luck; happiness*

wir hatten Glück   *we were lucky*

großartig   *terrific; great*

hoffentlich   *I hope*

höher (*comparative of* 'hoch' = *high*)

klar   *clear*

bei klarem Wetter   *in clear weather*

los; was war los?   *what happened?*

manchmal   *at times, sometimes*

München   *Munich*

Nebel(der)   *fog*

Österreich   *Austria*

passieren   *to happen*

es ist nichts passiert   *nothing happened*

(es ist) schade   *(it's a) pity*

Schlange(n)(die)   *snake; queue*

Schlange stehen(sep), -, stand Schlange, hat
     Schlange gestanden   *to queue up, stand in a
     queue*

schlecht   *bad*

schneien   *to snow*

es schneit   *it's snowing*

Seilbahn(en)(die)   *cable railway*

selten   *seldom, rarely*

sicher   *certain(ly), sure(ly)*

sonst noch   *else*

stehenbleiben(sep), -, blieb stehen, ist
     stehengeblieben   *to stop*

Studium(pl. Studien)(das)   *study; university
     course*

stürzen   *to fall (more violent than 'fallen')*

Tal(¨er)(das)   *valley*

tief   *deep*

treffen, trifft, traf, hat getroffen   *to meet*

übrigens   *by the way*

unterwegs   *on the way*

es waren keine Leute unterwegs   *there were no
     people about*

verstehen, -, verstand, hat verstanden   *to
     understand*

Vorteil(e)(der)   *advantage*

wahrscheinlich   *probably*

wenig   *little, not much*

weniger (comp)   *less*

wenigstens   *at least*

wichtig   *important*

ich würde gern mitgehen   *I should be glad to go
     with you*

ziemlich   *rather, fairly*

ziemlich tief   *pretty deep*

zurück   *back*

zurückkommen(sep), -, kam zurück, ist
     zurückgekommen   *to come back, return*

Fragen

A

1. War Karin beim Skifahren?
2. In welchem Land waren Peter und Max?
3. Wer war fleißiger?
4. Hat Karin viel gearbeitet?
5. Wo war das Wetter schöner?
6. Wieso war das Wetter in Tirol schlechter?
7. Sieht man besser, wenn es schneit?
8. Kann man im Nebel so schnell fahren wie bei klarem Wetter?
9. Wann sind die Schlangen am Lift kürzer?
10. Weshalb sind sie trotzdem öfter zu Fuß gestiegen?
11. Ist die Wildspitze unter tausend Meter hoch?
12. Warum sind sie so oft gestürzt?
13. Warteten sie genau eine Stunde in der Kabine?
14. Wann konnten sie weiterfahren?
15. Freut sich Karin, daß sie nicht dabei war?

B   Write two or three sentences in answer to each of the following:

16. Wie lange waren Peter und Max von München fort? Und warum?
17. Haben sie in Österreich gutes Skiwetter gehabt?
18. Erzählen Sie über den Ausflug, den sie gemacht haben!
19. Was war ihr aufregendstes Erlebnis?
20. Was müssen sie jetzt nachholen? Warum?

Drills

DRILL 1   Comparatives

Beispiel: Er geht zu oft ins Café.

Now begin:
1. Er geht zu oft ins Café.
2. Er hat zu wenig Zeit.
3. Er ist ja zu faul.
4. Seine Wohnung ist zu klein.

Antwort: Kann sein, aber *sie* geht noch viel öfter.

5. Er fährt zu schnell.
6. Er hat zu viel Geld.
7. Er ist zu unpünktlich.
8. Er schreibt zu undeutlich.

Drill 2   Word order: '*Is it true that . . .?*'

Beispiel: Der Betrieb arbeitet mit modernen Maschinen.

Now begin:
1. Der Betrieb arbeitet mit modernen Maschinen.
2. Ihr wart den größten Teil der Ferien beim Skifahren.
3. Die schönsten Ski-Pisten sind in Österreich.
4. Peter hat die schnellsten Ski.

Antwort: Stimmt es eigentlich, daß der Betrieb mit modernen Maschinen arbeitet?

5. Die Bergtour war das aufregendste Erlebnis.
6. Ihr seid gestern am häufigsten gestürzt.
7. Hamburg hat die größten Docks.
8. Max ist dein ältester Freund.

DRILL 3   Comparatives of adjectives

Beispiel: Wollen Sie einen größeren Koffer? (klein)

Antwort: Nein, lieber einen kleineren.

Now begin:
1. Wollen Sie einen größeren Koffer?   (klein)
2. Möchten Sie schneller fahren?   (langsam)
3. Wollen Sie ein dickeres Seil?   (dünn)
4. Wollen Sie eine hellere Farbe?   (dunkel)
5. Möchten Sie einen schwereren Rucksack?   (leicht)
6. Möchten Sie gern ein billigeres Buch?   (teuer)
7. Wollen Sie mehr zu tun haben?   (wenig)
8. Möchten Sie ein älteres Modell?   (neu)

DRILL 4   Comparatives

Beispiel: Das Wetter ist so schlecht.

Antwort: Ganz richtig, viel schlechter als in England.

Now begin:
1. Das Wetter ist so schlecht.
2. Die Berge sind so hoch.
3. Das Bier schmeckt so gut.
4. Die Leute sind so freundlich.
5. Die Arbeit ist so schwer.
6. Die Straßen sind so breit.
7. Der Wein ist so billig.
8. Der Kaffee ist so teuer.

5   Oral/Written Translation/Dictation

Meine Freundin Karin//war sehr unfreundlich,//als ich vom Skifahren zurückkam.//Sie war böse,//weil sie nicht mitgekommen war.//Sie wollte in der Universität arbeiten.//Sie ist viel fleißiger als ich.//Ich glaube,//daß sie das Leben viel zu ernst nimmt.//Eine fleißigere Studentin gibt es nicht//in der ganzen Universität.//Aber ich finde,//Fleiß ist nicht alles,//man muß auch ein bißchen leben.//Ich glaube nicht,//daß sie viel länger meine Freundin bleibt.//Ich sage ihr manchmal,//daß die fleißigsten Studenten//nicht immer die besten sind.//Was halten Sie davon?//

6   Oral/Written Translation

50% of our production//was exported last year,//and our total production//increased by 8%,//although our prices were raised.//

   This year//we are trying to rationalise our work processes.//Our accounts have been automated,//and we have saved DM 100 000.//In the works too,//manufacture is now being programmed by tape.//

Grammar   *Comparatives*

1.   ADJECTIVES form their comparative and superlative as follows:

	COMPARATIVE	SUPERLATIVE
klein	*kleiner*	*der, die, das kleinste*
weit	*weiter*	*der, die, das weiteste*
lang	*länger*	*der, die, das längste*
groß	*größer*	*der, die, das größte*
jung	*jünger*	*der, die, das jüngste*
interessant	*interessanter*	*der, die, das interessanteste*

NOTE.   *a.* -*este* is used in superlative if the pronunciation demands it.

      b. one-syllable adjectives with *a, o, u* in their stem add *Umlaut* in both comparative and superlative.

      c. the length of the adjective does not affect the formation of comparative and superlative as it does in English (interesting, *more* interesting, *most* interesting).

2.   There are one or two exceptions:

gut	**besser**	*der, die, das* **beste**
hoch	**höher**	*der, die, das* **höchste**
viel	**mehr**	*der, die, das* **meiste**

3.   Comparative and superlative adjectives take normal adjective endings, when used before nouns (cf. Unit 3):

      *mein jünger**er** Bruder*   my younger brother

      *die meis**ten** Leute*   most people

(NOTE. **mehr** is invariable; **mehr** *Leute* = more people)

4.   Note the following:

      *kleiner **als***   smaller *than*

      *(nicht) so klein **wie***   (not) as small *as*

5.   ADVERBS form their comparative in the same way as adjectives do. Their superlative, however, is different and will be dealt with in Unit 21.

Dialog	*Was gibt's Neues auf der Messe?*
Fischer	Sind Sie zum ersten Mal in Hannover, Herr Roberts?
Roberts	Ja. Ich bin wegen der Industriemesse hierhergekommen.
Fischer	Ich freue mich wirklich, daß ich Sie heute führen kann.
Roberts	Ich habe nicht erwartet, daß das Ausstellungsgelände so groß ist. Welche Ausdehnung hat es?
Fischer	Dieses Jahr hat man die Fläche auf sechshunderttausend Quadratmeter vergrößert, damit alle Aussteller Platz haben. Es hat sich gezeigt, daß jedes Jahr mehr Besucher kommen.
Roberts	Wo sollen wir anfangen?
Fischer	Am besten gleich hier im Freien. Die Lastwagen zum Beispiel wurden gebaut, um Fertigbeton zu transportieren.
Roberts	Interessant, aber solche Fahrzeuge gibt es in England schon seit längerer Zeit. Was für Maschinen stehen hinter uns? Sind das nicht Baumaschinen?
Fischer	Ja, dieser riesige Löffelbagger zum Beispiel wiegt 10 Tonnen. Trotzdem kann ihn ein einziger Mann mit ein paar Hebeln steuern.
Roberts	Wird er zum ersten Mal ausgestellt?
Fischer	Ja, genauso wie dieser Kran. Wie hoch ist er? Was schätzen Sie?
Roberts	Das ist schwer zu sagen. Achtzig Meter, vermute ich.
Fischer	Nicht schlecht geschätzt. In Wirklichkeit ist der Kran hundertvier Meter hoch. Es steht im Katalog, daß er eine Tragfähigkeit von hundertzwanzig Tonnen hat.
Roberts	Ich bin beeindruckt. Aber was gibt es sonst noch zu sehen?
Fischer	Ich nehme an, daß Sie als Ingenieur am Tiefbau interessiert sind.
Roberts	Das stimmt. Ich bin eigentlich gekommen, um mich über Tunnelbau zu informieren.
Fischer	So ein Zufall! Dieses Jahr wird eine automatische Maschine zum Tunnelvortrieb gezeigt.
Roberts	Wirklich? Was leistet sie?
Fischer	Täglich bis zu fünfzehn Meter. Sie ist also den konventionellen Methoden weit überlegen.
Roberts	Und welche Breite hat der Stollen?
Fischer	Sechs Meter. Die Maschine ist so modern, daß sie zwei weitere Arbeitsgänge erledigt: Der Stollen wird mit Eisenringen abgestützt, die Erde wird durch Rohre an die Oberfläche befördert.
Roberts	Hat man sie schon erprobt?
Fischer	Nicht in der Praxis. Aber ich bin sicher, daß sie bald gebraucht wird. Mehrere deutsche Städte, zum Beispiel München, Köln und Frankfurt, bauen zur Zeit eine U-Bahn.
Roberts	Ich danke Ihnen für alle Erklärungen. Wollen wir jetzt in eine Halle gehen?
Fischer	Sie sind wirklich unermüdlich. Ich schlage vor, daß wir eine Pause machen. Fahren wir auf den Hermesturm, um die Aussicht zu genießen. Dreiundsiebzig Meter über der Erde zur Abwechslung.
Roberts	Schön, einverstanden. Das ist eine gute Idee.

Vocabulary

abstützen(sep)   *to support*

zur Abwechslung   *for a change*

anfangen(sep), fängt an, fing an, hat angefangen
  to begin

annehmen(sep), nimmt an, nahm an, hat
  angenommen   *to assume*

ich nehme an, daß . . .   *I assume that* . . .

Arbeitsgang(¨e)(der)   *work process*

Ausdehnung (die)   *extent*

Aussicht(en)(die)   *view*

ausstellen(sep)   *to exhibit*

Aussteller(-)(der)   *exhibitor*

Ausstellung(en)(die)   *exhibition*

Ausstellungsgelände(-)(das)   *exhibition site*

bald   *soon*

Bau(der)   *building*

bauen   *to build*

beeindrucken   *to impress*

befördern   *to shift, cart, transport*

Besucher(-)(der)   *visitor*

bis zu   *up to*

Breite(die)   *width*

damit   *in order that*

eigentlich   *actually*

einverstanden   *agreed*

einzig   *single*

Eisen(das)   *iron*

Erde(die)   *earth; soil*

Erklärung(en)(die)   *explanation*

erledigen   *to perform, carry out*

erproben   *to test, try out*

erwarten   *to expect*

Fahrzeug(e)(das)   *vehicle*

Fertigbeton(der)   *ready-mixed concrete*

Fläche(n)(die)   *area*

im Freien   *in the open air*

sich freuen   *to be glad*

führen   *to lead, conduct*

gebrauchen   *to, use*

genau wie   *just like*

genießen, -, genoß, hat genossen   *to enjoy*

was gibt's Neues?   *what's news?*

was gibt es sonst noch zu sehen?   *what else is
  there to see?*

gleich   *straight away, immediately*

Hebel(-)(der)   *lever*

herkommen(sep)   *to come here*

Kran(e)(der)   *crane*

Lastwagen(-)(der)   *lorry*

leisten   *to accomplish, achieve*

was leisten die Maschinen?   *what is the machines'
  output?*

Löffelbagger(-)(der)   *excavator*

Mal(e)(das)   *time*

zum ersten Mal   *for the first time*

mehrere   *several*

Messe(n)(die)   *fair; exhibition*

auf der Messe   *at the fair/exhibition*

Oberfläche(n)(die)   *surface*

ein paar   *a few*

Platz(¨e)(der)   *seat; square; room (to move)*

in der Praxis   *in practice*

Quadratmeter(-)(der, das)   *square metre*

riesig   *gigantic*

Rohr(e)(das)   *tube, pipe*

schätzen   *to estimate*

nicht schlecht geschätzt!   *not a bad guess!*

seit einiger Zeit   *for some time*

solch   *such*

sonst noch (see 'es gibt')

steuern   *to control*

das stimmt   *that's right*

Stollen(-)(der)   *gallery, tunnel*

täglich   *daily*

Tiefbau   *civil engineering*

Tragfähigkeit(die)   *load capacity*

trotzdem   *nevertheless, yet all the same*

U-Bahn(die)   *underground railway*

überlegen (+dat)   *superior (to)*

er ist *mir* weit überlegen   *he's far superior to me*

um . . . zu (+infin.)   *in order to (+infin.)*

unermüdlich   *tireless, indefatigable*

vergrößern (auf + acc.)   *to make bigger, extend
  (to)*

vermuten   *to suppose, presume*

vorschlagen(sep), schlägt vor, schlug vor, hat
  vorgeschlagen   *to suggest*

ich schlage vor, daß wir eine Pause machen   *I
  suggest we have a break*

wegen (+gen)   *because of, on account of*

wiegen, -, wog, hat gewogen   *to weigh*

wirklich   *real(ly)*

in Wirklichkeit   *in reality, in fact*

zeigen   *to show*

sich zeigen   *to turn out, prove*

es hat sich gezeigt, daß . . .   *it has turned out that
  . . .*

Zufall (¨e)(der)   *chance*

zo ein Zufall!   *there's a coincidence!*

Fragen

A

1. Wie groß ist die Ausstellungsfläche?
2. Warum hat man sie vergrößert?
3. Wozu dienen die Lastwagen?
4. Wie schwer ist der Löffelbagger?
5. Ist er schwer zu steuern?
6. Hat Herr Roberts die Höhe des Krans richtig geschätzt?
7. Welche Tragfähigkeit hat der Kran?
8. Woher weiß der Führer das?
9. Zum wievielten Mal wird der Kran ausgestellt?
10. Wozu dient die automatische Maschine?
11. Wieviel Meter Tunnel kann sie täglich bauen?
12. Kann man mit konventionellen Methoden ebensoviel leisten?
13. Welchen weiteren Arbeitsgang erledigt die Maschine im Stollen?
14. Was geschieht mit der Erde?
15. Ist sie schon erprobt worden?

B Write two or three sentences in answer to each of the following:

16. Was ist die Hannover-Messe?
17. Warum besucht Herr Roberts die Messe?
18. Welche Maschinen sieht er sich an?
19. Was leistet die neue Tunnelvortriebmaschine alles?
20. Wie kann man auf der Hannover-Messe Pause machen?

Drills

DRILL 1   Word Order: Subordinate clauses

Beispiel : Ist die Messe interessant ?

Now begin :

1. Ist die Messe interessant ?
2. Interessiert er sich für Tiefbau ?
3. Haben wir einen Löffelbagger bestellt ?
4. Wird diese Methode bald angewendet ?

Antwort : Ja, ich glaube, daß die Messe interessant ist.

5. Sind die Exporte gestiegen ?
6. Wird die U-Bahn bald fertig sein ?
7. Sind die Aussichten für unsere Firma gut ?
8. Kann der Auftrag angenommen werden ?

DRILL 2   Idiomatic use of *auffallen* (es ist mir aufgefallen, '*I was struck by it*')

Beispiel : Haben Sie den neuen Mercedes bemerkt ?

Antwort : Selbstverständlich, der neue Mercedes ist mir aufgefallen.

Now begin :

1. Haben Sie den neuen Mercedes bemerkt ?
2. Haben Sie die Vergrößerung der Ausstellung bemerkt ?
3. Haben Sie den Lastwagen dort drüben bemerkt ?
4. Haben Sie die neuartigen Baumaschinen bemerkt ?
5. Haben Sie den riesigen Löffelbagger bemerkt ?
6. Haben Sie die Maschine zum Tunnelvortrieb bemerkt ?
7. Haben Sie die vielen Rohrleitungen bemerkt ?
8. Haben Sie Herrn Bauers Opel Kapitän bemerkt ?
9. Haben Sie diesen verbesserten Kran bemerkt ?

DRILL 3   Word order: damit (=so that)

Beispiel : die Einladungen rechtzeitig abschicken

Now begin :

1. die Einladungen rechtzeitig abschicken
2. die Messe nicht vergessen
3. Herrn Würzberg abholen
4. nicht zu spät kommen

Antwort : Ich rufe meinen Kollegen an, damit er die Einladungen rechtzeitig abschickt.

5. das neue Verfahren kennenlernen
6. den Termin einhalten
7. seinen Urlaub verschieben
8. den Direktor informieren

DRILL 4   Word order: Revision

Beispiel : Überstunden machen

Now begin :

1. Überstunden machen
2. an der Konferenz teilnehmen
3. im Urlaub ins Ausland reisen
4. Deutsch lernen
5. in dieser Firma arbeiten

Antwort : Wer hat ihnen denn gesagt, daß ich nicht gern Überstunden mache ?

6. allein ins Kino gehen
7. mit der U-Bahn fahren
8. saure Milch trinken
9. rote Sportwagen fahren
10. ohne Regenschirm spazieren gehen

5   Oral/Written Dictation/Translation

Ich habe nicht gewußt,//daß die Messe in Hannover so groß ist.//Mein Freund hat mich den ganzen Tag herumgeführt,//und wir haben allerlei Baumaschinen gesehen.//Ich arbeite nämlich//für eine große Baufirma in München,//die einen neuen Löffelbagger kaufen will.//Wir interessieren uns auch für Krane,//und in Hannover,//wo viel Krane ausgestellt wurden,//habe ich einen neuen Kran bestellen können.//Der Tag war also ein Erfolg,//aber nun tun meine Füße weh!//Wir sind bestimmt 10 Kilometer gegangen.//Kein Wunder also,//daß ich heute abend nicht ausgehen will.//Mein Freund wollte tanzen gehen.//Er vergißt,//daß er 15 Jahre jünger ist.//Nein, ich werde lieber in meinem Hotel bleiben,//wo es schön ruhig ist.//

6   Oral/Written Translation

Hans is the most hardworking student//in the whole university,//but his younger brother Karl//is the laziest.//Last week//Karl was sent home,//because he has not worked.//On Monday he was seen by his professor,//who was not very friendly,//and who told him//that he must leave the university.//Now he is going to work in a factory// – in the production department.//He will have to work there!//

Grammar   *Subordinate clauses*

1.   The 'subordinating' conjunction **daß** was dealt with in the grammar notes of Unit 4.

2.   **Damit** needs care. In a sentence like the following, it clearly means 'with it' (literally 'therewith'):

Wenn ich einen Füllhalter habe, schreibe ich   When I have a fountain pen I write with it.
damit.

3.   Introducing a subordinate clause, however, **damit** means 'in order that':
*Man hat die Messe vergrößert, **damit** alle*   They have enlarged the fair *in order that* all
Platz **haben**.   may have room.

Dialog   *Verabredung für die Party*

Schneider	Nehmen Sie doch bitte Platz, Herr Mayer. Fein, daß Sie da sind. Ich hatte die Hoffnung schon aufgegeben, daß Sie noch kommen würden.
Mayer	Bitte entschuldigen Sie, Fräulein Schneider. Ich bin sehr unpünktlich. Der Verkehr war zu dicht.
Schneider	Ja, ich weiß, um 5 Uhr sollte man nicht durch die Stadt fahren. Vielleicht wäre ein Fahrrad besser?
Mayer	Nein, ich glaube: Wenn ich nicht mit dem Auto gefahren wäre, wäre ich jetzt noch nicht da. Heute ging es allerdings besonders langsam.
Schneider	Daran sind sicher die Baustellen und Einbahnstraßen schuld.
Mayer	Im August ist es immer so. Kennen Sie das Münchener Sprichwort? 'Wenn die Fremden kommen, werden die Straßen aufgerissen.'
Schneider	Das stimmt. Wir brauchen breitere Straßen und mehr Parkplätze in der Innenstadt.
Mayer	Dann hätten die Autos mehr Platz. Es würden auch weniger Unfälle passieren.
Schneider	Das ist Zukunftsmusik. Reden wir von der Gegenwart. Hätten Sie gern eine Tasse Kaffee?
Mayer	Ja, bitte, wenn noch etwas übrig ist.
Schneider	Natürlich. Ich schenke Ihnen gleich eine Tasse ein. Wie steht es eigentlich mit der Party am Samstag?
Mayer	Die Gäste sind alle eingeladen. Wir wollen um 8 Uhr anfangen.
Schneider	Wieviel Gäste erwarten Sie?
Mayer	Es wären genau zwanzig, wenn Fräulein Ammann nicht abgesagt hätte.
Schneider	Schade. Wenn sie da ist, ist die Stimmung immer gut.
Mayer	Ja, ich habe mit ihr telefoniert. Sie käme gern, wenn sie nicht am Freitag nach Berlin flöge. Ihr Vater hat Geburtstag.
Schneider	Ach so. Deshalb hat sie keine Zeit. Wo wird getanzt? Im Haus oder im Freien?
Mayer	Wenn das Wetter so warm wie heute ist, tanzen wir im Garten. Da haben wir frische Luft.
Schneider	Sie haben doch einen Plattenspieler? Ich könnte meine Schallplatten mitbringen.
Mayer	Das wäre sehr nett von Ihnen. Soll ich Sie am Samstag abholen?
Schneider	Vielen Dank, das ist nicht nötig. Ich habe es ja nicht weit.
Mayer	Dann darf ich mich verabschieden. Und vergessen Sie bitte nicht: Übermorgen um 8 Uhr!
Schneider	Keine Angst. Zu einem Gartenfest würde ich nie zu spät kommen. Koste es, was es wolle.

Vocabulary

abholen(sep)   *to pick up, collect*

absagen(sep)   *to decline*

allerdings   *it's true; I must admit*

anfangen(sep), fängt an, fing an, hat angefangen
   to begin, start

Angst (die)   *fear*

keine Angst   *don't worry*

aufgeben(sep), gibt auf, gab auf, hat aufgegeben
   to give up

aufreißen(sep), -, riß auf, hat aufgerissen   *to tear,
   rip up, dig up*

Baustelle(n)(die)   *building site; roadworks*

brauchen   *to need*

breit   *wide, broad*

deshalb   *that's why; for that reason*

dicht   *dense*

dichter Verkehr   *heavy traffic*

eigentlich   *actually*

Einbahnstraße(n)(die)   *one-way street*

einladen(sep), lädt ein, lud ein, hat eingeladen   *to
   invite*

einschenken(sep)   *to pour out (into a glass, cup,
   etc.)*

erwarten   *to expect*

Fahrrad(¨er)(das)   *bicycle*

Fest(e)(das)   *festival*

Gartenfest   *garden party*

fliegen, -, flog, ist geflogen   *to fly*

im Freien   *in the open air*

fremd   *strange; unfamiliar; foreign*

Fremde(n) (der *oder* die)   N.B. takes adj. endings
   stranger; outsider; visitor

frisch   *fresh*

frische Luft   *fresh air*

Gast(¨e)(der)   *guest*

er hat Geburtstag   *it's his birthday*

Gegenwart(die)   *the present (time)*

genau   *exact(ly)*

Innenstadt(¨e)(die)   *town centre*

langsam   *slow(ly)*

Luft(die)   (*see* 'frisch')

nett   *nice, kind*

das wäre nett von Ihnen   *that would be nice of you*

nötig   *necessary*

Parkplatz(¨e)(der)   *parking place*

passieren   *to happen*

Plattenspieler(-)(der)   *record-player*

reden   *to talk*

(es ist) schade   *(it's a) pity*

Schallplatte(n)(die)   *record, disc*

schuld an (+dat.)   *to blame for*

sollte (*imperf. subjunctive of* 'sollen')   *ought to*

Sprichwort (¨er)(das)   *proverb, saying*

wie steht es mit . . .?   *how are things going with
   . . .?*

das stimmt   *that's right*

Stimmung(en)(die)   *atmosphere, mood*

tanzen   *to dance*

wo wird getanzt?   *where will the dancing be?*

übermorgen   *the day after tomorrow*

übrig   *left (over), remaining*

wenn noch etwas übrig ist   *if there's still any left*

Unfall(¨e)(der)   *accident*

Verabredung (en) (die)   *appointment, 'date'*

sich verabschieden   *to say goodbye; to take one's
   leave*

dann darf ich mich verabschieden   *then I'll say
   goodbye*

Verkehr(der)   *traffic*

vielleicht   *perhaps*

ich habe es nicht weit   *I don't have far to go*

Zukunft(die)   *future*

Zukunftsmusik   *pipe-dream*

Fragen

A

1. Warum sollte man um 5 Uhr nicht durch die Stadt fahren?

2. Wäre Herr Mayer mit dem Fahrrad schneller gefahren?

3. Weshalb ging es heute besonders langsam?

4. Was macht man in jedem August in München?

5. Wann würden weniger Unfälle passieren?

6. Was hätte Herr Mayer gerne?

7. Ist noch etwas Kaffee übrig?

8. Wann findet die Party statt?

9. Wieviele Gäste kämen, wenn Fräulein Ammann nicht abgesagt hätte?

10. Wie wäre die Stimmung, wenn sie da wäre?

11. Wird man im Garten tanzen können?
12. Wo wird getanzt, wenn es regnet?
13. Könnte Fräulein Schneider etwas mitbringen?

14. Wozu wäre Herr Mayer bereit?
15. Wozu braucht man einen Plattenspieler?

B   Write two or three sentences in answer to each of the following:

16. Welche Schwierigkeiten hat der Autofahrer in München?
17. Wie könnte man ihm das Leben leichter machen?
18. Erzählen Sie einem Freund, wie Ihnen die Party gefallen hat!
19. Wie hat man sich unterhalten?
20. Warum hat Fräulein Ammann absagen müssen?

Drills

DRILL 1   Subjunctive: *'I'd like to'*

Beispiel: Wollen Sie Auto fahren?   *Antwort:* Ja bitte, ich würde gerne Auto fahren.

Now begin:
1. Wollen Sie Auto fahren?
2. Wollen Sie Platz nehmen?
3. Wollen Sie am Samstag kommen?
4. Wollen Sie das Fahrrad behalten?
5. Wollen Sie ins Kino gehen?
6. Wollen Sie ein Münchner Sprichwort hören?

7. Wollen Sie hier parken?
8. Wollen Sie etwas Musik hören?
9. Wollen Sie in die Zukunft sehen?
10. Wollen Sie mit Fräulein Ammann Geburtstag feiern?

DRILL 2   *'Oughtn't we to . . .'?* Particle *doch*

Beispiel: Sollten wir nicht Platz nehmen?   *Antwort:* Ja, nehmen wir doch Platz.

Now begin:
1. Sollten wir nicht Platz nehmen?
2. Sollten wir nicht zu Fuß gehen?
3. Sollten wir nicht durch die Einbahnstraße fahren?
4. Sollten wir nicht von der Gegenwart reden?
5. Sollten wir nicht Kaffee trinken?

6. Sollten wir nicht um 8 Uhr anfangen?
7. Sollten wir nicht nach Berlin fliegen?
8. Sollten wir nicht im Freien tanzen?
9. Sollten wir uns nicht verabschieden?
10. Sollten wir nicht zum Gartenfest gehen?

DRILL 3   Subjunctive: *'could have'*

Beispiel: Klaus hat gerade abgesagt.   *Antwort:* Er hätte doch gestern absagen können.

Now begin:
1. Klaus hat gerade abgesagt.
2. Sie hat gerade angerufen.
3. Wir haben gerade geschrieben. (Sie)
4. Er hat gerade getanzt.
5. Sie sind gerade gekommen.

6. Wir haben gerade angefangen. (Sie)
7. Herr Mayer ist gerade abgereist.
8. Ich habe gerade eingekauft. (du)
9. Ich habe mich gerade verabredet. (du)
10. Wir haben uns gerade unterhalten. (Sie)

DRILL 4   Subjunctive: *'if'* clauses

Beispiel: Wir könnten ins Kino gehen.   *Antwort:* Ja, wenn ich Zeit hätte, würde ich ins Kino gehen.

Now begin:
1. Wir könnten ins Kino gehen.
2. Er könnte nach England fahren.
3. Ich könnte zur Party kommen.
4. Wir könnten Kaffee machen.
5. Wir könnten nach Hause fahren.
6. Wir könnten eine Schallplatte kaufen.
7. Wir könnten tanzen gehen.
8. Wir könnten zu Fuß gehen.

DRILL 5   Subjunctive: *'I'd like . . .'*

Beispiel: Was möchten Sie lieber, Kaffee oder Tee?   *Antwort:* Ich hätte gern Tee.

Now begin:
1. Was möchten Sie lieber, Kaffee oder Tee?
2. Was möchten Sie lieber, Wein oder Bier?
3. Was möchten Sie lieber, eine Brieffreundin oder einen Brieffreund?
4. Was möchten Sie lieber, Kuchen oder Torte?
5. Was möchten Sie lieber, eine Zeitung oder eine Zeitschrift?
6. Was möchten Sie lieber, eine Zigarre oder eine Zigarette?
7. Was möchten Sie lieber, Wurst oder Käse?
8. Was möchten Sie lieber, Schwarzbrot oder Weißbrot?

6   Written/Oral Exercise

Give answers to the following questions in two or three sentences:
1. Was würden Sie tun, wenn Sie in der Straßenbahn wären, und Ihr Geld vergessen hätten?
2. Was würden Sie zuerst kaufen, wenn ich Ihnen DM 10 000 geben würde?
3. Was würden Sie denken, wenn ich in der Deutschstunde beginnen würde, Chinesisch zu sprechen?
4. Was würden Sie tun, wenn Sie einen fremden Mann in Ihrem Zimmer finden würden?
5. Was würden Ihre Eltern dazu sagen, wenn Sie sie um DM 5 000 für einen neuen Wagen bitten würden?

7   Oral/Written Dictation/Translation

Komisch, wenn man daran denkt.//Wenn ich nicht zu jener dummen Party gegangen wäre,// dann hätte ich Andrea nicht kennengelernt,//und mein ganzes Leben//wäre jetzt ganz anders.// Ich würde zum Beispiel nicht hier in Cuxhaven sein,//sondern wäre wahrscheinlich bei meinen Eltern in Kiel geblieben.//Wenn mein Freund Johann mich nicht mitgenommen hätte,// wäre ich bestimmt nicht zu jener dummen Party gegangen,//weil ich die Leute gar nicht kannte,//in deren Wohnung die Party stattfand.//Ich bin aber sehr froh,//daß ich gegangen bin.//Ein besseres Leben,//als ich es jetzt habe,//könnte ich gar nicht haben.//

8   Oral/Written Translation

I was sent to Hanover,//because the director had heard//that the new lorries//at the industrial exhibition//had a bigger load capacity//than the English lorries//which we use at the moment.// When we reached Hanover//and saw the exhibition,//I saw immediately//that they are too big for our English roads,//although they would not be too big,//if we had more motorways.//My journey was worth while, however,//because I had a pleasant time,//and the firm paid!//

Reading Passage

Auto-Industrie und Wirtschaftskrise

Die Jahre 1966 und 1967 stellten die gesamte deutsche Wirtschaft vor schwierige Probleme; besonders stark macht sich die Rezession jedoch in der Automobilindustrie bemerkbar. Der Absatz fast aller Modelle ging beträchtlich zurück und erreichte erst zu Beginn des Jahres 1968 wieder seinen alten Stand. Es ist verständlich, daß gerade manche kleine Hersteller von der Krise besonders stark betroffen wurden. Bemerkenswert ist dagegen, daß der größte 5 deutsche Auto-Produzent, das Wolfsburger Volkswagenwerk, Entlassungen und Kurzarbeit weitgehend vermeiden konnte – vor allem deswegen, weil der Export in die USA und andere Länder relativ konstant blieb.

Nach der Normalisierung der wirtschaftlichen Verhältnisse zeigte es sich, daß manche einheimische Firmen einen Teil ihres Marktes verloren hatten, während bei verscheidenen 10 ausländischen Fabrikaten eine schnelle Aufwärtsbewegung einsetzte. Dies trifft hauptsächlich für die Italiener und Franzosen zu, während die englischen Produzenten nach wie vor einen schweren Stand auf dem deutschen Markt haben. Man führt dies im allgemeinen auf die hohen Preise sowie auf Schwierigkeiten in der Versorgung mit Ersatzteilen zurück. Wie sich die Abwertung des britischen Pfunds auf diesem Gebiet auswirkt, bleibt abzuwarten. 15

Grammar   ## Subjunctive (1)

1. In addition to the verb forms met with already, there are other forms which are used in special circumstances and which are called 'subjunctive'. Basically, the German subjunctive has two tenses, *present* and *imperfect*.

2. The *present* subjunctive will be dealt with more fully in a later lesson. For the moment it can be said to occur in a few fixed phrases, usually meaning 'let him' . . . 'let it' . . .; etc. i.e. expressing a wish:

   Koste *es, was es* **wolle**   Let it cost what it will

3. The *imperfect* subjunctive is more important, and is formed from the imperfect stem as follows:

	machen	*gehen*	*werden*	*sein*	*haben*	*können*
IMPERF. STEM:	*macht*—	*ging*—	*würd*—	*wär*—	*hatt*—	*konnt*—
ich	*macht*e	*ging*e	*würd*e	*wär*e	*hätt*e	*könnt*e
du	*macht*est	*ging*est	*würd*est	*wär*est	*hätt*est	*könnt*est
er, sie, es	*macht*e	*ging*e	*würd*e	*wär*e	*hätt*e	*könnt*e
wir	*macht*en	*ging*en	*würd*en	*wär*en	*hätt*en	*könnt*en
ihr	*macht*et	*ging*et	*würd*et	*wär*et	*hätt*et	*könnt*et
sie, Sie	*macht*en	*ging*en	*würd*en	*wär*en	*hätt*en	*könnt*en

NOTE. *a.* Endings are identical for all verbs, and have characteristic **e**.
   b. Weak verbs like *machen* have imperfect subjunctive identical with ordinary imperfect.
   e. Strong or irregular weak verbs add *Umlaut* where possible to imperfect stem.

4.   The imperfect subjunctive is often replaced by the conditional form *würde* + infinitive, which is remarkably similar to English *would* + infinitive:

    ***Würden** Sie bitte **kommen**?*   *Would* you please *come?*

    *Wenn es nur nicht **regnen würde**!*   If only it *wouldn't rain!*

Certain auxiliary verbs, however, notably *sein, haben* and the modals (Unit 16), tend to avoid this construction, and prefer the ordinary imperfect subjunctive:

    sein: Ein Fahrrad ***wäre*** besser.   A bicycle *would be* better.

    haben: **Hätten** Sie gern Kaffee?   *Would* you like to *have* coffee?

    können: Ich **könnte** meine Schallplatten mitbringen   I *could* bring my records (along).

5.   CONDITIONAL SENTENCES

An English sentence containing '*if*', plus *would/should/could* among its verbs, is a clear case for the imperfect subjunctive or conditional in German:

    a. *If* I had time I *should* go to the cinema.   *Wenn ich Zeit **hätte**, **würde** ich ins Kino gehen.*

    b. He *could* go abroad *if* I gave him money.   *Er **könnte** ins Ausland gehen, wenn ich ihm Geld geben **würde**.*

The pluperfect subjunctive is easily formed:

    a. If I *had had* time I *should have gone* to the cinema.   *Wenn ich Zeit **gehabt hätte**, **wäre** ich ins Kino gegangen.*

    b. He *could have gone* abroad if I *had given* him money.   *Er **hätte** ins Ausland gehen **können**, wenn ich ihm Geld **gegeben hätte**.*

When used with another infinitive, modal verbs drop their past participle in favour of their *infinitive*, hence *Er hätte gehen **können**.*

Dialog	*Hoffentlich kommt der Omnibus bald*
Altdorf	Wenn nur der Regen aufhören würde. Ich bin schon ganz naß. Hier ist endlich die Omnibushaltestelle. Verzeihung, hält hier die Linie Dreizehn? Ich möchte zum Bahnhof.
Braun	Linie Dreizehn? Das sehen Sie doch. Es steht auf dem Fahrplan. Alle zehn Minuten kommt ein Bus.
Altdorf	Wie weit ist es von hier zum Bahnhof?
Braun	Das kommt darauf an. Wollen Sie zum Hauptbahnhof oder zum Ostbahnhof?
Altdorf	Ich weiß nicht. Wenn ich nach Frankfurt reisen will, muß ich doch zum Hauptbahnhof, oder?
Braun	Ja, freilich. Dann haben Sie es nicht sehr weit. Wenn Sie an der übernächsten Haltestelle aussteigen, sehen Sie den Haupteingang direkt vor sich.
Altdorf	Warum ist der Bus noch nicht da? Ich versäume ja meinen Zug.
Braun	Keine Ahnung. Er wäre jetzt schon da, wenn alles in Ordnung wäre.
Altdorf	Das ist doch ärgerlich. Wenn ich zu Fuß ginge, wäre ich schneller beim Bahnhof. Glauben Sie nicht?
Braun	Das kann schon sein. Ich würde auch mitgehen, wenn es nicht so stark regnete. Aber so: warten wir lieber noch etwas.
Altdorf	Nicht einmal Zigaretten habe ich mehr. Wären die Geschäfte offen, würde ich mir eine Schachtel kaufen.
Braun	Es ist leider zu spät dazu. Aber gehen Sie doch zum Automaten. Dort drüben steht einer.
Altdorf	Das könnte ich machen. Aber ich habe nicht genug Kleingeld.
Braun	Warten Sie, bis Sie am Bahnhof sind. Sie haben dann Zeit zum Einkaufen.
Altdorf	Hoffentlich. Aber sehen Sie, dort biegt gerade der Bus um die Ecke. Er wird gleich hier sein.
Braun	Bitte, seien Sie vorsichtig beim Einsteigen. Machen Sie schnell. Hinten ist der Einstieg.
Altdorf	Danke schön. Wann muß ich also aussteigen?
Braun	An der übernächsten Haltestelle. Fragen Sie lieber noch einmal den Schaffner. Gute Reise.

Vocabulary

aber so . . . *but as it is . . .*
keine Ahnung! *no idea!*
alle zehn Minuten *every ten minutes*
ankommen(sep) auf(+acc.) *to depend on*
das kommt darauf an *that depends*
ärgerlich *annoying; annoyed, cross*
aufhören(sep.) *to cease, stop*
aussteigen(sep), -, stieg aus, ist ausgestiegen *to get out (of vehicle)*
Automat (en *in all other cases*) (der) *slot machine*
bald *soon*
biegen, -, bog, ist gebogen *to turn*
um die Ecke biegen *to turn the corner*
bis *until*
dort drüben *over there*
Ecke (see 'biegen')
einkaufen(sep) *to shop*
nicht einmal *not even*
noch einmal *once more, again*
einsteigen (cf. 'aussteigen') *to get in*
beim Einsteigen *as you get in*
Einstieg(e)(der) *place where one gets in*
hinten ist der Einstieg *you get in at the back*
endlich *at last*
Fahrplan(¨e)(der) *time-table*

freilich *of course; certainly*
genug *enough*
gerade *just (now)*
Geschäft(e)(das) *shop; business*
halten, hält, hielt, hat gehalten *to stop, halt; hold; keep*
Haltestelle(n)(die) *stop(ping place)*
Haupt- *main, chief*
Hauptbahnhof(¨e)(der) *main station*
Haupteingang(¨e)(der) *main entrance*
hinten (see 'Einstieg')
hoffentlich *I hope*
Kleingeld(das) *small change*
leider *unfortunately*
lieber (comparative of 'gern') *rather*
fragen Sie lieber *you'd better ask*
nass *wet*
oder? (approximately equivalent to 'nicht wahr?')
offen haben *to be open (of shops, etc.)*
in Ordnung *in order, all right*
Regen(der) *rain*
gute Reise! *bon voyage! have a good trip!*
reisen *to travel*
Schachtel(n)(die) *box*
Schaffner(-)(der) *conductor*

machen Sie schnell! *be quick!*
das kann schon sein *that may well be*
seien Sie (*imperative of* 'sein' = *to be*)
stark *strong(ly)*
es regnet stark *it's raining fast*

übernächst *next-but-one*
versäumen *to miss (train etc.)*
Verzeihung *excuse me*
vorsichtig *careful*
warten wir lieber noch etwas *we'd better wait a bit longer*

Fragen

A
1. Was ist eine Omnibushaltestelle?
2. Welche Linie fährt zum Bahnhof?
3. Wo steht das?
4. Wie weit ist es zum Hauptbahnhof?
5. An welchem Eingang hält der Bus?
6. Wie oft verkehrt der Bus?
7. Wie lange müßte man auf ihn warten, wenn alles in Ordnung wäre?
8. Was würde Herrn Altdorf passieren, wenn der Bus nicht bald käme?
9. Wie könnte er vielleicht schneller zum Bahnhof kommen?
10. Was fehlt Herrn Altdorf?
11. Warum haben die Geschäfte nicht offen?
12. Gibt es einen Automaten in der Nähe?
13. Warum nützt der Automat dem Mann nichts?
14. Wo könnte er vielleicht Zigaretten kaufen?
15. Warum muß man vorsichtig in den Bus einsteigen?

B   Write two or three sentences in answer to each of the following:
16. Warum ist Herr Altdorf so ungeduldig?
17. Welche Auskünfte will er von Herrn Braun haben?
18. Erklären Sie den Weg zum Hauptbahnhof!
19. Warum kann Herr Altdorf keine Zigaretten kaufen?
20. Welchen Rat gibt ihm Herr Braun, als der Bus kommt?

Drills

DRILL 1   '*If*' + Present tense

Beispiel: Ich gehe zu Fuß.

Now begin:
1. Ich gehe zu Fuß.
2. Ich fahre mit dem Taxi.
3. Wir versäumen den Zug.
4. Wir werden ganz naß.
5. Ich gehe noch in das Geschäft dort drüben.

Antwort: Wenn der Omnibus nicht bald kommt, gehe ich zu Fuß.

6. Meine Frau wird böse.
7. Ich rauche noch eine Zigarette.
8. Wir können genauso gut zu Fuß gehen.
9. Irgend etwas ist unterwegs passiert.
10. Ich hole meinen Regenschirm.

DRILL 2   '*If only . . .*'

Beispiel: warten

Now begin:
1. warten
2. aufhören

Antwort: wenn er nur warten würde

3. zuhören
4. abreisen

5. bezahlen
6. endlich etwas sagen
7. auf die Uhr schauen

8. nicht so viel reden
9. nicht so viele Zigaretten rauchen
10. eine Minute auf mich warten

DRILL 3   Subjunctive: '*I'd like to . . ., but*'

Beispiel: Gehen Sie mit ins Kino? Keine Zeit

Antwort: Ich würde gern ins Kino mitgehen, aber ich habe leider keine Zeit.

Now begin:
1. Gehen Sie mit ins Kino?
   Keine Zeit
2. Mieten Sie das Zimmer?
   Kein Geld
3. Gehen Sie im Regen spazieren?
   Kein Regenschirm
4. Fahren Sie nach Italien?
   Keine Bekannten dort
5. Unterschreiben Sie selbst?
   Keinen Füller

6. Warten Sie auf den Omnibus?
   Keine Zeit
7. Lernen Sie Englisch?
   Nicht genügend Geduld
8. Übersetzen Sie den Text?
   Kein Wörterbuch
9. Wechseln Sie den Reifen?
   Kein Werkzeug
10. Rufen Sie mich morgen an?
    Kein Telefon

DRILL 4   Conditional: '*He ought to have*'

Beispiel: Hoffentlich kommt er!

Antwort: Er hätte schon gestern kommen sollen!

Now begin:
1. Hoffentlich kommt er!
2. Hoffentlich schreibt sie!
3. Hoffentlich telefoniert er!
4. Hoffentlich fragt er!

5. Hoffentlich antwortet sie!
6. Hoffentlich hört der Regen auf!
7. Hoffentlich wartet der Omnibus!
8. Hoffentlich geht er mit!

DRILL 5   Pluperfect Subjunctive: '*If only he had come*'

Beispiel: Schade, daß er nicht gekommen ist!

Antwort: Ja, wenn er nur gekommen wäre!

Now begin:
1. Schade, daß er nicht gekommen ist!
2. Schade, daß es nicht geklappt hat!
3. Schade, daß er nicht angerufen hat!
4. Schade, daß wir es nicht gekauft haben!
5. Schade, daß er die Prüfung nicht bestanden hat!

6. Schade, daß er nicht ausgestiegen ist!
7. Schade, daß der Wagen nicht in Ordnung gewesen ist!
8. Schade, daß er keine Zeit gehabt hat!

6   Written Exercise or Group Practice

Complete the following sentences:
1. Wenn die Geschäfte offen hätten, ...

2. Wenn ich Zeit gehabt hätte, ...

3. ...., wenn seine Papiere nicht in Ordnung gewesen wären.

4. Wenn der Regen nicht aufgehört hätte, ...

5. Wenn die Firma den Vertrag nicht unterzeichnet hätte,.....................

6. ...., wenn er die Industriemesse nicht besucht hätte.

7. Ich würde ganz naß sein, ...

8. Wenn ich kein Kleingeld gehabt hätte, ...

9. ...., wenn er nicht vorsichtig gewesen wäre.

10. Wenn alles in Ordnung wäre, ...

7   Oral/Written Translation/Dictation

Zu dumm!//Ich stehe hier//und warte auf die Straßenbahn//und werde ganz naß!//Wenn mein Wagen nicht kaputt wäre,//könnte ich schon zu Hause sein.//Ich hätte schon gestern eine neue Batterie gekauft,//wenn ich gewußt hätte,//daß die alte nicht mehr funktioniert.//Eigentlich// hätte ich es wissen müssen,//weil ich seit Wochen vergessen habe,//destilliertes Wasser nachzufüllen.//Na ja, – nichts zu machen –//aber wenn Klaus noch in unserem Büro arbeitete,// hätte ich mit ihm fahren können,//er wohnt nämlich nicht weit von mir.//Wenn die Straßenbahn nur kommen würde!//

8   Oral/Written Translation

If I hadn't gone to Hanover//I shouldn't have seen the new lorries,//which we now use.// That was three years ago.//Without them,//I don't think//that we would have won the new motorway contract.//Our costs would be too high,//because we would need 30% more lorries,//if we had bought the old kind.//Today we would still be a very small firm,//and I wouldn't be a director!//

Grammar   *Subjunctive (2)*

This Unit gives further examples of the use of the Imperfect Subjunctive. (cf. Grammar of Unit 12).
All that needs to be added here is that **wenn** (=if) is sometimes omitted, producing inversion of subject and verb:

> **Hätten die Geschäfte** *offen, würde ich mir eine Schachtel kaufen.*
> *If the shops were* open, I should buy myself a box.
> **Hätte ich** *das gewußt, so wäre ich nicht gekommen.*
> *Had I* known that, I should not have come.

MAIN USES OF THE SUBJUNCTIVE

1.   To express a *wish*, e.g. **Koste es, was es wolle.**

2.   To express *tentativeness*, often for politeness' sake, e.g. '**Würden Sie** bitte kommen?'

3.   To express the *conditional*,
      either (*a*) in a main clause alone, e.g. *Ich* **könnte** *kommen.*
      or (*b*) in an 'if' clause, e.g.: *Wenn es nur nicht regnen* **würde!**
      or (*c*) in both main clause and 'if' clause, e.g.: *Wenn ich Zeit* **hätte**,
                                                                          würde *ich ins Kino gehen.*

4.   To express *reported speech* (see Unit 22).

Dialog	*Übung macht den Meister*

Renate	Was machst du denn da?
Georg	Das siehst du doch. Ich versuche, die Lampe hier zu reparieren.
Renate	Oh, ist sie kaputt? Seit wann?
Georg	Sie funktioniert schon seit einiger Zeit nicht mehr. Aber es war immer so viel anderes zu tun.
Renate	Und heute hast du also dein Werkzeug geholt, um die Lampe zu reparieren. Hast du auch vorher die Sicherung herausgeschraubt?
Georg	Es ist doch klar, daß ich das getan habe. Ich habe auch den Stecker herausgezogen. Aber es ist mir nicht gelungen, den Fehler zu finden.
Renate	Vorsicht! Hier liegt die Glühlampe. Du wärst beinahe draufgetreten.
Georg	Na gut, daß nichts passiert ist. Gib mir doch bitte den kleinen Schraubenzieher mit dem isolierten Griff!
Renate	Wo ist er? Ich sehe ihn nirgends.
Georg	Es ist gut möglich, daß ich ihn im Büro vergessen habe. Aber es gibt noch einen anderen in der Schublade.
Renate	Richtig, da ist er. Hast du inzwischen herausgefunden, woran es liegt?
Georg	Das ist doch klar, es liegt an der Schraubfassung! Sie sitzt hier in der Mitte des Lampenschirms. Halt mal bitte diese Schraube!
Renate	Brauchst du einen Hammer?
Georg	Einen Hammer? Wozu denn das? Ein Hammer nützt hier überhaupt nichts. Eher eine Zange.
Renate	Was tust du damit?
Georg	Ich kürze den Draht ein bißchen und schraube ihn dann fest. Du siehst, es ist schwierig, die richtige Stelle zu finden.
Renate	Alles in Ordnung? Soll ich das Licht wieder anschalten?
Georg	Ja, bitte. Ganz bestimmt brennt die Lampe jetzt wieder.
Renate	Oh . . . Es hat nur etwas geblitzt. Die Birne ist gleich wieder ausgegangen. Was machen wir jetzt?
Georg	Mir reicht's. Trinken wir erst mal einen Kaffee. Was meinst du?

Vocabulary

anschalten(sep)   *to switch on*

ausgehen(sep), -, ging aus, ist ausgegangen   *to go out*

beinahe   *almost*

bestimmt   *definitely*

ein bißchen   *a bit*

Birne(die)   *light-bulb*

blitzen   *to flash*

brennen, -, brannte, hat gebrannt   *to burn, light up*

Draht(¨e)(der)   *wire*

drauf   (*short for* darauf)

drauftreten(sep), tritt drauf, trat drauf, ist draufgetreten   *to tread on it*

du wärst beinahe draufgetreten   *you very nearly trod on it*

eher   *rather; more likely, preferably*

erst mal   *first of all*

Fehler(-)(der)   *mistake; fault*

festschrauben(sep)   *to screw up tight*

feststellen(sep)   *to find out; ascertain*

gelingen, -, gelang, ist gelungen(+dat.)   *to succeed (impersonal only; e.g.* es gelingt mir, es zu tun = *I succeed in doing it)*

gleich   *immediately*

Glühlampe(n)(die)   *bulb*

Griff(e)(der)   *handle*

halten, hält, hielt, hat gehalten   (1) *to hold, keep;* (2) *to stop, halt*

herausfinden(sep), -, fand heraus, hat herausgefunden   *to find out*

herausschrauben(sep)   *to unscrew*

herausziehen(sep), -, zog heraus, hat herausgezogen   *to pull out*

immer   *always*

inzwischen   *meanwhile*

isolieren   *to insulate*

kaputt   *broken*

klar   *clear*

es ist doch klar   *of course*

kürzen   *to shorten*

Lampenschirm(e)(der)   *lampshade*

Licht(er)(das)   *light*

woran liegt es? – es liegt an der Schraubfassung   *what's the reason? (or what's the source of the trouble?) – the reason is the screw fastening*

mal   *just*

Maßnahme(n)(die)   *precaution*

halt mal . . .   *just hold . . .*

meinen   (1) *to think* (2) *to mean* (3) *to say*

möglich   *possible*

na   *well*

nirgends   *nowhere*

nützen   *to be of use*

das nützt überhaupt nichts   *that's no use at all*

passieren   *to happen*

mir reicht's (=reicht es)   *I've had enough*

Schraube(n)(die)   *screw*

Schraubenzieher(-)(der)   *screw-driver*

Schraubfassung(en)(die)   *screw-fastening*

Schublade(n)(die)   *drawer*

schwierig   *difficult*

seit einiger Zeit   *for some time now*

seit wann?   *since when . . .? how long . . .?*

Sicherung(en)(die)   *fuse*

soll ich . . .?   *shall I . . .?*

soviel anderes   *so much else*

Stecker(-)(der)   *plug*

Stelle(n)(die)   *place*

tun, tut, tat, hat getan   *to do*

überhaupt   (*see* 'nützen')

Übung(en)(die)   *exercise, practice*

Übung macht den Meister   *practice makes perfect*

vergessen, vergißt, vergaß, hat vergessen   *to forget, leave (through forgetfulness)*

versuchen   *to try*

vorher   *beforehand*

Vorsicht!   *look out! take care!*

Werkzeug(e)(das)   *tool, tool-kit*

wozu denn das?   *whatever for?*

Zange(n)(die)   *pair of pliers*

Fragen

A

1. Was braucht Georg, um die Lampe zu reparieren?
2. Warum repariert er sie jetzt erst?
3. Was geschieht mit der Sicherung?
4. Was macht er mit dem Stecker?
5. Findet er den Fehler gleich?
6. Welches Werkzeug hat einen isolierten Griff?

7. Hat er nur den einen Schraubenzieher?
8. Weiß er, wo der Fehler liegt?
9. Was soll Renate für ihn halten?
10. Was hat er mit der Schraube gemacht?
11. Was macht er mit dem Draht?

12. Womit schraubt er ihn fest?
13. Wie stellt er fest, ob die Lampe wieder brennt?
14. Schaltet er selbst die Lampe an?
15. Was schlägt er zum Schluß vor?

B   Write two or three sentences in answer to each of the following:

16. Mit welchen Vorsichtsmaßnahmen beginnt die Reparatur?
17. Was für Werkzeuge sind dazu nötig?
18. Wozu braucht man sie?
19. Welche Teile hat die Lampe?
20. Warum, glauben Sie, ist die Reparatur nicht gelungen?

Drills

DRILL 1   Impersonal verbs

Beispiel: Was ist los mit der Lampe?

Now begin:
1. Was ist los mit der Lampe?
2. Was ist los mit der Maschine?
3. Was ist los mit dem Kran?
4. Was ist los mit dem Stollen?
5. Was ist los mit dem Ingenieur?

Antwort: Der Lampe ist nichts passiert, glaube ich.

6. Was ist los mit den Rohren?
7. Was ist los mit der Ölleitung?
8. Was ist los mit dem Kraftwerk?
9. Was ist los mit dem Atomreaktor?
10. Was ist los mit dem Fließband?

DRILL 2   Impersonal verbs: *'It's important that . . .', 'I'm glad that'*

Beispiel: Es kommt darauf an. Die Rechnung stimmt

Now begin:
Es kommt darauf an
1. Die Rechnung stimmt
2. Die Stromstärke ist konstant
3. Der Unterschied ist klar
4. Das Experiment ist erfolgreich
5. Der Stecker sitzt fest

Antwort: Es kommt darauf an, daß die Rechnung stimmt.

Es freut mich
1. Ich habe Sie getroffen
2. Sie haben heute nicht viel zu tun
3. Nichts ist passiert
4. Der Hammer ist in der Schublade
5. Alles ist in Ordnung

DRILL 3   Impersonal verbs: *'It's correct that . . .'*

Beispiel: Der Tisch hat vier Beine. Stimmt das?

Now begin:
1. Der Tisch hat vier Beine.
2. Ein Auto hat fünf Räder.
3. Dieser Schraubenzieher wiegt eine Tonne.
4. Die Lampe hängt an der Decke.

Antwort: Es stimmt, daß der Tisch vier Beine hat.

5. Die Birne hat 220 Volt.
6. Die Industrie produziert keine Kunststoffe.
7. Es gibt kein Werkzeug aus Papier.

8. München hat nur zehn Einwohner.

9. Hamburg liegt nicht an der Nordsee.

10. Alle Schiffe fahren unter Wasser.

DRILL 4   Impersonal verbs: '*I'm sorry that . . .*'

Beispiel : Ist Karl hier ?

Antwort : Es tut mir leid, aber Karl ist nicht hier.

Now begin:

1. Ist Karl hier?
2. Funktioniert die Lampe?
3. Ist das Werkzeug da?
4. Ist der Fehler gefunden worden?
5. Liegt es an der Schraubfassung?

5. Ist der Professor zu sprechen?
7. Hat der Doktor morgen Zeit?
8. Hat diese Birne 40 Watt?
9. Ist das Licht an gewesen?
10. Hat es geklappt?

5   Oral/Written Translation/Dictation

Es ist mir noch nicht gelungen,//meinen Wagen zu reparieren.//Ich glaube nicht,//daß es mir gelingen wird,//weil ich das nötige Werkzeug nicht habe.//Auch weiß ich nicht genau,// was mit dem Wagen los ist.//Zuerst dachte ich,//daß es am Vergaser liegt,//aber jetzt bin ich nicht mehr sicher.//Ich werde heute nachmittag die Reparaturwerkstatt anrufen müssen.// Vielleicht können sie einen Mechaniker schicken.//Das Schlimme ist eben,//daß es so viel kosten wird.

    Innerhalb der letzten zwei Jahre//sind die Reparaturkosten sehr gestiegen.//Eigentlich kann man sich nicht wundern.//Weil die Mechaniker vor einem Jahr//eine Lohnerhöhung von 15% bekommen haben,//werden meine Rechnungen jetzt immer höher.//Wenn ich den Wagen selbst reparieren könnte,//würde ich mir bestimmt 700 Mark im Jahr sparen.//Aber ehrlich gesagt,// ich bin eigentlich zu faul,//und man wird ja so schmutzig!//

6   Oral/Written Translation

That was lucky.//If I hadn't seen Karl in front of the flower shop,//I shouldn't have known// that he has this new job in Hamburg.//He had lost my address/and had forgotten the name of my firm.//It would have been a pity//to live in the same city,//and yet not know it.//10 years ago/Karl and I worked together//in the same car works in Wolfsburg.//We hadn't seen each other for years// – until yesterday.//It is a good thing//he buys flowers for his wife//otherwise we wouldn't have met *then*!

Grammar   *Impersonal verbs (1)*

1.   A verb can normally be used in any person (i.e. 1st, 2nd, 3rd, singular or plural). However, there are some phrases where a verb can only be used impersonally, i.e., with no particular person or thing as its subject, and in such cases *es* usually does duty as subject. It is best to learn these phrases, with their meanings, as they crop up. They can be categorized as follows:

2.   Weather conditions are often expressed impersonally, e.g. ***es blitzt*** (there's a flash of lightning); ***es hat geblitzt*** (there was a flash).
Other examples:

         es *regnet*   it's raining   ***es*** *donnerte*   it was thundering

3.   Certain phrases containing particular verbs:

gelingen:	*Es ist mir nicht gelungen*	I haven't succeeded
liegen:	*Also, daran liegt es!*	So that is the reason!
	Es liegt an der Schraubfassung	The reason is the screw fastening
tun:	*Es tut mir leid*	I'm sorry
reichen:	*Mir reicht's (=Mir reicht es)*	I've had enough
gehen:	*Wie geht's (=es) dir?*	How are you?
	Es geht mir gut	I'm well
freuen:	*Es freut mich*	I'm glad

4.   'There is/are' etc.

Es war immer so viel zu tun.	*There was* always so much to do.
Es sind viele Leute da.	*There are* many people there.

(Additional information on this phrase will be found in Grammar of Unit 15)

5.   *Es* anticipating the verb's real subject:

Es ist nichts passiert.	Nothing has happened.
Es kommen immer viele Leute.	Many people always come.

The effect of this construction is to throw the real subject to the end of the sentence and thus to emphasize it.

Dialog *Schweinswürstchen mit Sauerkraut*

Ab und zu verabreden sich Max und Karin zum Essen in der Stadt. So zum Beispiel auch heute. Als Max zum Gasthaus 'Goldener Hahn' kommt, regnet es stark. Karin ist deshalb schon hineingegangen. Max entdeckt sie bald durchs Fenster.

Max	Ah! Karin, da bist du ja. Es war nicht so einfach, dich zu finden.
Karin	Es tut mir leid, Max, daß du im Regen gesucht hast. Ich hätte draußen auf dich gewartet, wenn es nicht so kalt und naß wäre.
Max	Das macht doch nichts. Setzen wir uns gleich hin? Dort drüben ist noch ein Tisch frei.
Karin	Möchtest du die Speisekarte? Oder weißt du schon, was du essen willst?
Max	Ganz einfach, Sauerkraut mit Schweinswürstchen.
Karin	Ein typisch deutsches Essen. Aber das bekommst du doch zu Hause auch.
Max	Was gibt es denn sonst noch? Zeig mir doch am besten die Karte.
Karin	Es kommt darauf an, was du lieber hast: ein Schnitzel oder vielleicht Fisch?
Max	Es ist mir eigentlich gleich.
Karin	Du bist ein schwieriger Fall. Ich schlage vor, wir nehmen beide ein halbes Hähnchen.
Max	Einverstanden.
Ober	Guten Tag, die Herrschaften. Was darf es sein?
Max	Zweimal Hähnchen, bitte, mit Salat.
Ober	Trinken Sie etwas dazu?
Max	Vielleicht, ja. Zwei kleine Bier. Und, Herr Ober: Bringen Sie auch ein paar Brötchen.
Ober	Jawohl, kommt sofort.
Karin	Erzähl mir etwas über deine Pläne, Max. Reist du in vierzehn Tagen mit Peter an die Nordsee?
Max	Nein, die Reise ist verschoben. Es war einfach notwendig.
Karin	Wegen des Wetters?
Max	Das auch, aber vor allem handelt es sich um Peters Urlaubstermin. Es ist seinem Chef lieber, wenn wir erst Anfang September fahren.
Karin	Das ist ja nicht so schlimm. Aber hier kommt unser Essen.
Ober	Zweimal Hähnchen, bitte sehr.
Max	Laß es dir gut schmecken, Karin.
Karin	Guten Appetit, Max.

Vocabulary

ab und zu *now and again*
Anfang September *at the beginning of September*
ankommen(sep) auf(+acc.) *to depend on*
es kommt darauf an *it depends*
bald *soon*
zum Beispiel *for example*
bekommen, -, bekam, hat bekommen *to get, receive*
bitte sehr *here you are (said when handing something over)*
Brötchen(-)(das) *bread roll*
was darf es sein? *what can I do for you? (used by waiters, shopkeepers, etc.)*
deshalb *for that reason*
draußen *outside (adverb)*
dort drüben *over there*
eigentlich *actually*
einfach *simple, straightforward*
einverstanden *agreed*
entdecken *to discover*
erst (adverb) *not until*
erzählen *to tell, relate*
Fall(¨e)(der) *case (see 'schwierig')*
gar nicht *not at all*
gleich (adj.) *equal; (adverb) immediately*
es ist mir gleich *it's all the same to me; I don't mind*
guten Appetit *I hope you enjoy your meal (said as meal begins)*
Hahn(¨e)(der) *cock; tap*
Hähnchen(-)(das) *chicken*
es handelt sich um . . . *it's a matter of, a question of . . .*
die Herrschaften *sir and madam (used by waiters, shopkeepers, etc.)*
hineingehen(sep) *to go in*
sich hinsetzen(sep) *to sit down*

setzen wir uns hin *let's sit down*
setzen wir uns hin? *shall we sit down?*
jawohl *yes certainly*
lieber (*comparative of* 'gern') *rather*
was willst du lieber? *what do you prefer?*
es ist ihm lieber, wenn . . . *he prefers it, if . . .*
das macht nichts *that doesn't matter*
naß *wet*
notwendig *necessary; unavoidable*
es regnet stark *it's raining hard*
schlimm *bad*
schmecken *to taste*
laß es dir gut schmecken (*see* 'guten Appetit')
Schnitzel(-)(das) *cutlet*
Schwein(e)(das) *pig*
Schweinswürstchen(-)(das) *pork sausage*
schwierig *difficult*
du bist ein schwieriger Fall *you're an awkward customer*
sofort *immediately*
was gibt es sonst noch? *what else is there?*
Speisekarte(n)(die) *menu*
suchen *to look for*
es tut mir leid *I'm sorry*
Urlaub(der) *holiday*
Urlaubstermin(e)(der) *holiday dates*
sich verabreden *to make a date, an appointment*
verschieben, -, verschob, hat verschoben *to postpone*
vor allem *above all; particularly*
vorschlagen(sep), schlägt vor, schlug vor, hat vorgeschlagen *to suggest*
warten auf(+acc) *to wait for*
wegen(+gen) *because of*
wissen(ich, er weiß, du weißt), wußte, hat gewußt *to know*
zeigen *to show*

Fragen

A

1. Wo treffen sich Karin und Max?
2. Wie oft treffen sie sich dort?
3. Warum ist Karin schon hineingegangen?
4. Woher weiß Max, daß sie schon drin ist?
5. Was tut Karin leid?
6. Warum hat sie nicht draußen gewartet?
7. Wie erfährt man im Gasthaus, was es zu essen gibt?
8. Ist die Auswahl groß?
9. Bestellt Max nur einmal Hähnchen?
10. Trinken sie auch etwas dazu?
11. Mit wem wollte Max verreisen?
12. Was mußte Peter verschieben?
13. Hing das nur vom Wetter ab?
14. Wer bestimmt Peters Urlaubstermin?
15. Was sagt Karin zum Schluß?

B   Write two or three sentences in answer to each of the following:

16. Was haben Karin und Max verabredet?
17 Warum haben sich die beiden beinahe verfehlt?
18 Wie bestellt man das Essen im Gasthaus?
19. Was kann man im 'Goldenen Hahn' bestellen?
20 Was erzählt Max über seine Reisepläne?

Drills

DRILL 1   Impersonal Verbs: '*Does it often happen that . . .?*'

Beispiel: Das Essen ist kalt.

Now begin:
1. Das Essen ist kalt.
2. Die Milch ist sauer.
3. Der Kaffee ist stark.
4. Die Eier sind faul.
5. Karin ist beleidigt.

Antwort: Kommt es oft vor, daß das Essen kalt ist?

6. Max ist erkältet.
7. Das Schnitzel ist schon aus.
8. Die Nordsee ist stürmisch.
9. Die Sicherung wird falsch geflickt.
10. Das Auto bleibt stehen.

DRILL 2   '*Do you think it possible that . . .?*'

Beispiel: Der Motor ist kaputt

Now begin:
1. Der Motor ist kaputt
2. Die Zange ist verschwunden
3. Das Hähnchen ist verbrannt
4. Sauerstoff wird aus der Luft gewonnen
5. Bei Oxydation entsteht Wärme

Antwort: Halten Sie es für möglich, daß der Motor kaputt ist?

6. Dieser Stahl rostet nicht
7. Wasserstoff wird in Stahlflaschen gekauft
8. Wasser hat die Formel H_2O
9. Salz ist wasserlöslich

DRILL 3   Impersonal Verbs: '*It depends*'

Beispiel: Haben Sie zufällig einen Schraubenzieher?

Now begin.
1. Haben Sie zufällig einen Schraubenzieher?
2. Haben Sie zufällig eine Landkarte?
3. Haben Sie zufällig eine Münze?
4. Haben Sie zufällig ein Tonbandgerät?

Antwort: Es kommt darauf an, was für einen Schraubenzieher Sie brauchen.

5. Haben Sie zufällig eine Zange?
6. Haben Sie zufällig einen Wagen?
7. Haben Sie zufällig eine Lampe?
8. Haben Sie zufällig ein Zimmer?

DRILL 4   Adverbs: *surprisingly, possibly, strangely*

Beispiel: Es geht ihm wieder gut.
        Überraschend, nicht wahr?

Now begin:
1. Es geht ihm wieder gut.
   Überraschend, nicht wahr?

Antwort: Ja, überraschenderweise geht es ihm wieder gut.

2. Es hat den ganzen April nicht geregnet.
   Überraschend, nicht wahr?

3. Es gibt noch Karten für das Gartenfest.
   Überraschend, nicht wahr?
4. Es gibt Sauerkraut in Italien.
   Möglich, nicht wahr?
5. Die Speisekarte ist von gestern.
   Möglich, nicht wahr?
6. Die Sicherungen sind durchgebrannt.
   Möglich, nicht wahr?
7. Diese Kohle hat einen geringen Heizwert.
   Merkwürdig, nicht wahr?

8. Herr Würzberg gibt mehr aus, als er
   verdient.
   Merkwürdig, nicht wahr?
9. Mein Chef hat den Urlaub nicht erwähnt.
   Merkwürdig, nicht wahr?
10. Das Essen bei meiner Tante hat gut
   geschmeckt.
   Überraschend, nicht wahr?

5   Oral/Written Translation/Dictation

Ich wollte eigentlich ins Kino gehen,//aber ich muß heute länger im Büro bleiben,//weil der Personaldirektor etwas mit mir besprechen will-//na, macht nichts,//ich kann ja auch morgen gehen//und es wird wohl wichtig sein.//Außerdem//ist der Personaldirektor ein netter Kerl.// Ich weiß nicht genau,//aber ich glaube,//es handelt sich diesmal//um die Arbeitsmethoden,// die wir neulich eingeführt haben.//Einige Maschinen//sind stillgelegt worden,//und einige unserer Leute haben Angst/vor der Arbeitslosigkeit.//Aber davon ist natürlich nicht die Rede.//Wir wollen nur unsere Produktion steigern.//Es wäre wahrscheinlich besser gewesen,//wenn man den Arbeitern genau erklärt hätte,//warum diese Maßnahmen getroffen worden sind. In Zukunft// werde ich mich daran erinnern,//aber im Augenblick ist nichts zu machen.//Ich kann dem Personaldirektor aber wenigstens versichern,//daß niemand seine Stelle verlieren wird.//

6   Oral/Written Translation

By 7 o'clock//I'd had enough.//There was so much to do//yesterday at the office.//I still hadn't succeeded//in finding the mistake in the bill,//when there was a knock at the door.//It was Hans Müller,//who is our representative in Cologne.//He told me//that our competitors are trying//to win the Ford contract,//and that their price//was better than ours.//It would be bad// if we were to lose such a big order.//I really don't know//what our firm would do,//because it is almost 30% of our total production.//Now I shall have to check the price again,//but first//I'm going to have a cup of coffee!//

Grammar   *Impersonal verbs (2)*

1.   Here are further examples of particular verbs used impersonally in certain phrases (cf. Unit 14 Grammar Notes, para. 3):

ankommen:	***Es** kommt darauf an*	It depends
machen:	***Das** macht nichts*	That doesn't matter (*Das* is emphatic for *es*)
sich handeln:	***Es** handelt sich um . . .*	It's a question of . . .
	*Worum handelt **es** sich?*	What's it all about?
lassen:	*Lass **es** dir gut schmecken!*	Hope you enjoy your meal!
dürfen:	*Was darf **es** sein?*	What can I do for you?
sein:	***Es** ist mir gleich*	It's all the same to me
	***Es** ist seinem Chef lieber . . .*	His boss prefers it . . .

SPEISENKARTE

Sonntag, den 8. Aug. 1971
Orangensaft 1.50

Nudelsuppe	1.—
Bouillon mit Ei	1.10
Gulaschsuppe	1.80
Schildkrötensuppe	2.20

VORSPEISEN:

Omelette mit Champignons u. Salat	5.—

FISCHE u. GEFLÜGEL:

fangfr. Chiemseerenke gebr. mit Kart. u. Salat	6.—
Heilbutt gek. mit Butter Kart. u. Salat	6.50
Forelle n. Müllerinart od. blau mit Beilagen	6.80
Seelachssteak gebr. mit Kart. u. Salat	6.90
1/2 Brathuhn mit pommes frites u. Salat	5.60

TAGESGERICHTE:

Schweinshaxe mit Blaukraut u. Kartoffelknödel	5.20
Schweinebraten mit Kloß u. Salat	5.50
Rinderbraten "Burgunder Art" mit Spätzle u. Salat	5.60
Kalbshaxe "bürgerlich"	6.30
Kalbsnierenbraten mit Salzkart. u. Gemüse	6.50
Kalbsrahmschlegel mit Spätzle u. Salat	7.20

NOTE. when *sein* is used in such phrases, the person is put into the dative (e.g. *mir* and *seinem Chef* above). Other examples:

Es ist **mir** *kalt*   I'm cold
Es ist **ihm** *zu warm*   He's too hot

2.   *There is/are* etc. (cf. Unit 14, para. 4)

Another phrase with this meaning is **es gibt** + accusative. This, unlike *es ist*, never changes into the plural.

IMPERFECT: *Es* **gab** (there was/were) PERFECT: *Es* **hat gegeben** (there has/have been).

Sometimes its meaning overlaps that of *es ist/sind* etc., but it has the following distinct meanings:

   a.   'There is/are', generally, or in existence somewhere,

   e.g. *Es gibt immer noch Leute, die das glauben*   There are still people who believe that.

   b.   'There is/are', of food, drink etc.,

     e.g. Was **gibt's** *(=es)* **zum** *Mittagessen?*   What is there for lunch?

     Hier **gibt es** *guten Wein.*   There is good wine to be had here.

   c.   *Was* **gibt's?**   What's up? or: What's going on?

       (cf. French: *qu'est-ce qu'il y a?*)

Hat es *etwas Neues* **gegeben?**   Has there been any news?

Dialog	*Gespräch auf der Bank*
Kunde	Guten Tag. Kann ich bei Ihnen ausländisches Geld umtauschen?
Bankbeamter	Aber gewiß, mein Herr. Welche Währung haben Sie?
Kunde	Ich komme aus England. Ich möchte für dreißig englische Pfund Deutsche Mark haben. Wie steht heute der Wechselkurs?
Bankbeamter	Einen Augenblick bitte. Zur Zeit bekommen Sie für ein Pfund acht Mark sechzig. Soll ich Ihnen Fünfzig-Mark-Scheine geben?
Kunde	Würden Sie mir bitte zwei Hundertmarkscheine geben und den Rest in Kleingeld?
Bankbeamter	Natürlich, gern. Hier wären also einhundert, zweihundert Mark, vier Zehnmarkscheine, zwei Fünfmarkstücke und acht einzelne Mark. Das macht zusammen 258 Mark. Wollen Sie es nachzählen?
Kunde	Nein, danke. Ich habe mitgezählt. Es stimmt.
Bankbeamter	Darf ich Sie bitten, hier zu unterschreiben? Auf der punktierten Linie. Hier ist Ihre Quittung.
Kunde	Bitte sehr. Übrigens hätte ich noch eine Frage. Können Sie für mich Geld ins Ausland überweisen? Ich muß einige fällige Rechnungen bezahlen.
Bankbeamter	Das ist ohne weiteres möglich. Haben Sie ein Konto bei unserer Bank?
Kunde	Nein, noch nicht.
Bankbeamter	Bleiben Sie längere Zeit in Deutschland?
Kunde	Ich möchte mindestens ein Jahr hier arbeiten.
Bankbeamter	Dann wäre es am besten, Sie eröffnen gleich ein Konto. Sie dürfen dann immer Geld einzahlen und abheben. Drüben am Schalter 10 können Sie das schnell erledigen.
Kunde	Vielen Dank für Ihre Auskunft. Ich will es mir überlegen. Wie lange haben Sie offen?
Bankbeamter	Vormittags von zehn bis halb eins, nachmittags von vierzehn bis sechzehn Uhr. Außer samstags natürlich.
Kunde	Danke sehr. Auf Wiedersehen.

Vocabulary

abheben(sep), -, hob ab, hat abgehoben   *to*
  withdraw (money)
Augenblick(e)(der)   *moment*
einen Augenblick, bitte!   *one moment, please!*
Auskunft(¨e)(die)   *information*
Ausland(das)   *foreign parts*
ins Ausland gehen   *to go abroad*
ausländisch   *foreign*
außer(+dat)   *except*
bekommen, -, bekam, hat bekommen   *to get, receive*
bezahlen   *to pay*
bis   *until*
bitten, -, bat, hat gebeten   *to ask; i.e. request*
darf ich Sie bitten . . .?   *would you be good enough?*
drüben   *over there*
einzeln   *single, individual*
einzahlen(sep)   *to pay in; deposit*
erledigen   *to sort out; see to*
eröffnen   *to open (figuratively), e.g.* ein Konto
  eröffnen   *to open an account;* ein neues
  Gebäude eröffnen   *to open a new building*
fällig   *due, payable*
gewiß   *certain(ly)*
Kleingeld(das)   *small change*
Konto(s)(das)   *account*
längere Zeit   *a fairly long time (i.e. comparative
  with relative meaning)*
bleiben Sie längere Zeit in Deutschland?   *are you
  staying in Germany any length of time?*

mindestens   *at least*
  (used only with numerical expressions)
mitzählen   *to count at the same time*
nachzählen   *to count afterwards, i.e. to check*
wie lange haben Sie offen?   *how long are you open?*
ohne weiteres   *without further ado*
das ist ohne weiteres möglich   *that can be done
  without any difficulty*
Pfund(das)   *pound (both sterling and weight)
  (normally remains unchanged in plural)*
auf der punktierten Linie   *on the dotted line*
Quittung(en)(die)   *receipt*
Rechnung(en)(die)   *bill*
Schalter(-)(der)   *counter; booking office*
Schein(e)(der)   *bank note; form, certificate*
soll ich . . .?   *shall I . . .?*
es stimmt   *it's correct*
Stück(e)(das)   *piece*
sich überlegen(insep)   *to consider*
ich will es mir überlegen   *I'll consider it*
überweisen(insep), -, überwies, hat überwiesen
  to transfer
übrigens   *by the way; besides; in addition*
umtauschen(sep)   *to exchange*
unterschreiben, (insep), -, unterschrieb, hat
  unterschrieben *to sign*
vormittags   *in the mornings (=morgens)*
Währung(en)(die)   *currency*
Wechselkurs(e)(der)   *exchange rate*
zur Zeit (*often abbreviated to z. Z.*)   *at the present
  time, at the moment*

Fragen

A

1. Was möchte der Kunde auf der Bank?
2. Wieviel will er umtauschen?
3. Wie steht der Wechselkurs?
4. Wieviele Hundertmarkscheine erhält er?
5. Zwei Hundertmarkscheine; was bleibt also übrig?
6. Wie will er den Rest haben?
7. Welche Münzen bekommt er?
8. Wieviel Geld bekommt er in Münzen?

9. Zwei Hundertmarkscheine und vierzehn Mark in Münzen. Was macht das zusammen?
10. Was bekommt er noch?
11. Warum braucht er nicht nachzuzählen?
12. Wo soll er unterschreiben?
13. Hat die Bank samstags offen?
14. Wie lange hat die Bank vormittags offen?
15. Und nachmittags?

B   Write two or three sentences in answer to each of the following:

16. Welche Geschäfte erledigt der Kunde auf der Bank?
17. Was bedeutet 'Wechselkurs'?

18. Wann bekommt oder schreibt man eine Quittung?
19. Wozu dient eine Bank?
20. Wie unterscheiden sich die Öffnungszeiten der Banken in Deutschland und England?

Drills

DRILL 1   Auxiliary Verbs: *müssen, wollen, sollen, dürfen, können*

Beispiel: Der Kunde mußte die Zinsen zahlen.   *Antwort:* Natürlich mußte er sie zahlen.

Now begin:
1. Der Kunde mußte die Zinsen zahlen.
2. Die Bank sollte morgen offen haben.
3. Der Aktionär wollte sein Vermögen nicht verlieren.
4. Die Rechnungen konnten nicht geschrieben werden.
5. Der Gläubiger mußte die Quittung unterschreiben.
6. Die Geldschränke mußten feuerfest sein.
7. Die Versicherung sollte den Schaden zahlen.
8. Ich konnte den Schalter nicht finden.
9. Herr Meyer durfte seinen Vater besuchen.
10. Die Amerikaner wollten mehr Geld wechseln.

DRILL 2   Auxiliary verbs: *sollen 'should be', 'is supposed to'*

Beispiel: Hier ist Schalter 10.   *Antwort:* Hier soll Schalter 10 sein.

Now begin:
1. Hier ist Schalter 10.   6. Der Wechselkurs ist stabil.
2. Der Zehnmarkschein ist falsch.   7. Die Kaufkraft der D-Mark ist gesunken.
3. Hier kann man Geld wechseln.   8. Er hat sein Vermögen verloren.
4. Die Rechnung ist übermorgen fällig.   9. Der Finanzminister erhöht die Steuer.
5. Die Bank ist geschlossen.   10. Das Kapital bringt 5 Prozent Zinsen.

DRILL 3   Auxiliary verbs: *können ('could you . . .')*

Beispiel: den Hundertmarkschein wechseln   *Antwort:* Könnten Sie mir bitte den Hundertmarkschein wechseln?

Now begin:
1. den Hundertmarkschein wechseln   6. den Weg zur Bank zeigen
2. den heutigen Kurs sagen   7. die Tür öffnen
3. zwei Markstücke geben   8. den Satz wiederholen
4. das Formular ausfüllen   9. noch ein Streichholz anzünden
5. Ihre Kontonummer geben   10. diesen Scheck einlösen

DRILL 4   Subjunctive of *sein*: *'It would be better'*

Beispiel: Ich möchte nach Deutschland fahren.   *Antwort:* Ja, es wäre eigentlich besser, nach Deutschland zu fahren.

Now begin:
1. Ich möchte nach Deutschland fahren.   2. Ich möchte Geld umtauschen.

3. Ich möchte die Rechnung bezahlen.
4. Ich möchte im Ausland arbeiten.
5. Ich möchte zur Universität fahren.

6. Ich möchte das Werk besichtigen.
7. Ich möchte Sauerbraten bestellen.
8. Ich möchte Sekretärin werden.

DRILL 5　*sollen : 'it is said to be . . .'*

Beispiel : Ist der Film gut?　　　　*Antwort :* Er soll gut sein, habe ich gehört.

Now begin:
1. Ist der Film gut?
2. Ist Herr Wagner sehr intelligent?
3. Ist seine Freundin sehr hübsch?
4. Funktioniert der Vergaser?

5. Fährt die U-Bahn sehr schnell?
6. Ist sein Bankkonto in Ordnung?
7. Ist die englische Wirtschaft sehr modern?
8. Ist der LKW jetzt in Ordnung?

DRILL 6　*können :* Perfect tense

Beispiel : Haben Sie das Geld umgetauscht?　　　*Antwort :* Nein, ich habe das Geld nicht umtauschen können.

Now begin:
1. Haben Sie das Geld umgetauscht?
2. Haben Sie die Bank gefunden?
3. Haben Sie den Wagen repariert?
4. Haben Sie die Gebrauchsanweisung gelesen?

5. Haben Sie den Personaldirektor überzeugt?
6. Haben Sie die Sachen erledigt?
7. Haben Sie die Rechnung bezahlt?
8. Haben Sie das VW Werk besucht?

7　Written Exercise　Complete the following sentences:

1. Ich mußte . . . ., obgleich . . . .

2. Er konnte nicht . . . ., weil . . . .

3. Es wäre besser gewesen, wenn . . . .

4. Er wird. . . . . können, wenn . . . .

5. Sie hätte . . . ., wenn . . . .

6. Da . . . ., mußte ich . . . .

7. Wir haben . . . . können, während . . . .

8. Er möchte . . . ., trotzdem . . . .

9. Nachdem . . . ., mußten wir . . . .

10. Du sollst. . . . ., weil. . . . .

8　Oral/Written Translation/Dictation

Der arme John,//er hatte seit einem Jahr gespart,//weil er eine Reise nach Deutschland machen
wollte.//Dann, zwei Wochen vor seiner Abfahrt,//ist das englische Pfund abgewertet worden.//
Er weiß jetzt nicht,//ob er wird fahren können,//weil er 14% weniger D-Mark bekommen
wird,//wenn er sein Geld umtauscht.//Sein Freund Edward,//mit dem er fahren wollte,//hat es
besser machen können./Am Tage vor der Abwertung//ist er zur Bank gegangen,// und hat für
£50 D-Mark gekauft.//John hatte es eigentlich auch so machen wollen,//aber er hatte seinen
Reisepaß noch nicht erhalten,//und man muß den Paß haben,//bevor man Geld umtauschen

darf.//Die Summe wird nämlich in den Paß eingetragen.//Wenn es nur das wäre!//Das Schlimme daran war,//daß John jetzt//auch 14% mehr für seinen Flugschein bezahlen muß,//weil er die Fahrt vor der Abwertung gebucht hatte;//er hatte sie aber noch nicht bezahlt.//Die Flugpreise sind natürlich auch sofort gestiegen,//und zwar um 14%.//

9   Oral/Written Translation

After the theatre//my wife wanted//to eat in a restaurant.//It's really all the same to me,//because I spend so much time in restaurants// – on account of my work,//you know.//I'm a traveller.// But my wife//looks forward//to going out to a restaurant.//Next month//she'll be able to do that all the time//because I'm on holiday then.//We'll probably go to the Baltic or the North Sea coast.//It really depends//on what the weather's like.//

Grammar   *Modal verbs*

1. There are half a dozen verbs, called 'modal' verbs, which are used with the *infinitives* of other verbs and which have certain characteristics in common, i.e. they are *a.* irregular throughout singular of present tense; *b.* weak or irregular weak in imperfect.

2.   **können** (to be able to, 'can')

	a. PRESENT	*b.* IMPERFECT
	ich **kann**	*ich* **konnte**
	du **kannst**	*du* **konntest**
	er **kann**	*er* **konnte**
	wir **können**	*wir* **konnten**
	ihr **könnt**	*ihr* **konntet**
	Sie, sie **können**	*Sie, sie* **konnten**

e.g. **Können** *Sie mir 10 Mark wechseln?*   **Can** you change me 10 Marks?
Kann *ich bei Ihnen ausländisches Geld umtauschen?*   **Can** I change foreign money here?
Wir **konnten** *es nicht verstehen.*   We **couldn't** understand it.

3.   **Müssen** (to have to, 'must')

	a.	*b.*
	ich **muß**	*ich* **mußte**
	du **mußt**	*du* **mußtest**
	er **muß**	*er* **mußte**
	wir **müssen**	*wir* **mußten**
	ihr **müßt**	*ihr* **mußtet**
	Sie, sie **müssen**	*Sie, sie* **mußten**

e.g. *Ich* **muß** *einige Rechnungen bezahlen*   I *must* pay some bills
Sie **mußte** *ein Konto eröffnen*   She *had to* open an account

4.   **Dürfen** (to be allowed to, may)

	a.	*b.*
	ich **darf**	*ich* **durfte**
	du **darfst**	*du* **durftest**
	er **darf**	*er* **durfte**
	wir **dürfen**	*wir* **durften**
	ihr **dürft**	*ihr* **durftet**
	Sie, sie **dürfen**	*Sie, sie* **durften**

e.g. **Darf** *ich Sie bitten, hier zu unterschreiben?*   *May* I ask you to sign here?
     Sie **dürfen** *immer Geld einzahlen.*   You *may* always pay money in.
     Er **durfte** *nicht schwimmen gehen.*   He *was not allowed to* go swimming.
NOTE. **Dürfen** (not *müssen*) is used in the negative for 'must not', e.g.
     Das **darfst** *du* **nicht** *sagen.*   You *must not* say that.

5. **Mögen** (to like to)

a. ich **mag**		*b.* ich **mochte**	
du **magst**		du **mochtest**	
er **mag**		er **mochte**	
wir **mögen**		wir **mochten**	
ihr **mögt**		ihr **mochtet**	
Sie, sie **mögen**		Sie, sie **mochten**	

e.g. *Sie* **mag** *(gern) singen*   She likes singing (very much)
NOTE.   The commonest form of this verb is the imperfect subjunctive, (cf Unit 13)
i.e. *Ich* **möchte.**   I *would like to* . . . etc.
     Ich **möchte** *ein Jahr hier arbeiten.*   I *would like to* work here for a year
     Wieviel Geld **möchten** *Sie einzahlen?*   How much money *would* you *like to* pay in?

6. **Wollen** (to want to, intend to)

a. ich **will**		*b.* ich **wollte**	
du **willst**		du **wolltest**	
er **will**		er **wollte**	
wir **wollen**		wir **wollten**	
ihr **wollt**		ihr **wolltet**	
Sie, sie **wollen**		Sie, sie **wollten**	

e.g. **Wollen** *Sie ein Konto eröffnen?*   Do you *want to* open an account?
     Ich **will** *es mir überlegen.*   I *want to* consider it. (I'll consider it)
     Was **wollten** *Sie sagen?*   What *did* you *want to* say? (What were you about to say?)

7. **Sollen** (to be supposed to)

a. ich **soll** (I am (supposed) to)		*b.* ich **sollte** (I was (supposed) to)	
du **sollst**		du **solltest**	
er **soll**		er **sollte**	
wir **sollen**		wir **sollten**	
ihr **sollt**		ihr **solltet**	
Sie, sie **sollen**		Sie, sie **sollten**	

e.g. **Soll** *ich Ihnen 50-Mark-Scheine geben?*   *Am* I *to* (i.e. Shall I) give you 50-mark notes?
     Was **sollte** *ich nur machen?*   Whatever *was* I (supposed) *to* do?
NOTE.   The imperfect subjunctive of *sollen*, which is identical with the ordinary imperfect
(cf. Unit 13) is used for 'ought to' . . .
e.g. *Das* **solltest** *du nicht machen.*   You *ought* not *to* do that.

8. In perfect tenses, the past participle of modal verbs is replaced by the infinitive, e.g.
     Ich **habe** *das Geld nicht umtauschen* **können.**   I *have* not *been able* to change the money.
     Er **hatte** *nicht kommen* **wollen.**   He *had* not *wanted* to come.

Monolog   *Schalten Sie Ihr Gerät ein!*

So, da ist also das Ding auf dem Tisch. Plastikgehäuse, solid gebaut, ziemlich schwer, Tragegriff, grau, gold. Na ja, war ja auch teuer genug. 642 Mark – obwohl ich es immerhin mit 20% Rabatt bekommen habe. Man muß eben seine Beziehungen haben. Ohne die geht es einfach nicht.

Aha, so sieht das also von oben aus. Unten die Bedienungselemente, in der Mitte die zwei Tonköpfe und darüber die beiden Spulen. Besonders groß sind sie nicht – vielleicht hätte ich doch lieber ein Gerät mit 18 cm-Spulen nehmen sollen. Aber andererseits ist es ja ein Vierspurgerät. Ein 590 m langes Doppelspielband reicht anderthalb Stunden. Eineinhalb mal vier, also 6 Stunden – mehr kann man nicht verlangen. Mehr als eine Stunde dauert doch z. B. ein Stück im Konzert selten.

Jetzt habe ich also das Tonband eingelegt. Gut. Wo ist denn eigentlich der Netzstecker? Ah ja, hinten in diesem Fach. Stecken wir ihn in die Steckdose. So! Und was bedeuten denn diese vier kleinen Drehknöpfe hier? Am besten sehe ich mal in der Gebrauchsanweisung nach. Die muß doch irgendwo sein? Natürlich, ich sitze ja drauf.

'Lieber Kunde, wir gratulieren Ihnen zum Kauf dieses vielseitigen Geräts. Sie haben gut gewählt . . . hat einen Frequenzbereich von 30 bis 12 000 . . . Spannung 220 V oder 110 V Wechselstrom. Na ja, die technischen Einzelheiten sind im Augenblick nicht so wichtig.

Ah, hier: 'Ganz oben über den Spulen finden Sie das Zählwerk.' Stimmt, es steht noch auf Null. Und was ist da unter den Tonköpfen? Ach, natürlich: die Schnellstoptaste – sehr praktisch . . . . .daneben dann der Hebel zum Umschalten der Spuren.

Wo ist eigentlich der Tonregler? Ja, hier ganz links. 'Er dient gleichzeitig zum Aussteuern bei der Aufnahme. Das Meßgerät zur Kontrolle der richtigen Aussteuerung befindet sich ganz rechts. Bitte achten Sie bei der Aufnahme darauf, daß sich die beiden Enden nicht überschneiden.' Richtig. Dazwischen sieht's ja etwas unübersichtlich aus, aber man wird sich schon daran gewöhnen.

Da ist also der Klangregler, dann der Schalter, mit dem die Bandgeschwindigkeit eingestellt wird (9,5 oder 19 cm/sec) und ein Schalter für die verschiedenen Eingänge: Mikrofon, Radio, Plattenspieler-Anschluß. Meistens werde ich ja doch vom Radio überspielen. Gut, das wäre das Wichtigste. Hm, da fällt mir etwas ein: Hat der Verkäufer im Laden nicht schon eine Aufnahme gemacht? Das läßt sich ja leicht feststellen.

Also mittlere Lautstärke, Lautsprecher eingeschaltet, Taste 'ein' – los! Wirklich ein langsamer Walzer! Da stimmt doch was nicht mit der Geschwindigkeit. Ach, wie dumm! 9,5 statt 19 cm/sec. Probieren wir den Walzer noch einmal.

Vocabulary

achten auf(+acc.)   *to pay attention to ; take care over*

anderthalb   *one and a half*

andererseits   *on the other hand*

Aufnahme(n)(die)   *recording ; photograph*

im Augenblick   *at the moment*

aussehen(sep) sieht aus, sah aus, hat ausgesehen
   to look, e.g. so sieht das oben aus   *that's what it looks like on top*

aussteuern   *to adjust (recording level)*

Aussteuerung(die)   *recording level*

Band(¨er)(das)   *tape*

bauen   *to build, construct*

bedeuten   *to mean*

Bedienungselemente (pl.)   *controls*

besonders   *particularly, especially*

Beziehung(en)(die)   *contact, connection*

man muß eben seine Beziehungen haben   *you just have to know the right people*

daneben   *next to it*

dauern   *to last*

dazwischen   *in between (see* 'unübersichtlich'*)*

dienen   *to serve*

Ding(e)(das)   *thing*

Doppelspielband(¨er)(das)   *double-play tape*

Drehknopf(¨e)(der)   *control knob*

drauf (*short for* 'darauf')

dumm   *stupid*

eben   *just, simply*

'ein' *'on' (of switches, etc.)*

eineinhalb mal 4   *one and a half times four*

einfach   *simple, simply*

einlegen(sep)   *to insert*

Eingang(¨e)(der)   *input*

einfallen(sep), fällt ein, fiel ein, ist eingefallen   *to occur to*

es fällt mir ein   *it occurs to me*

einschalten(sep)   *to switch on*

einstellen(sep)   *to set (speed, etc.)*

Einzelheit(en)(die)   *detail*

Fach(¨er)(das)   *compartment*

feststellen   *to ascertain, find out*

das läßt sich leicht feststellen   *that can easily be determined, established*

Frequenzbereich(der)   *frequency range*

Gebrauch(¨e)(der)   *use*

Gebrauchsanweisung(die)   *directions for use*

Gehäuse(-)(das)   *case, casing*

es geht nicht ohne . . .   *you get nowhere without . . .*

genug   *enough*

Gerät(e)(das)   *machine*

Geschwindigkeit(en)(die)   *speed*

mit halber Geschwindigkeit   *at half speed*

sich gewöhnen an(+acc.)   *to get used to*

gleichzeitig   *at the same time, simultaneous(ly)*

gratulieren(+dat.) zu   *to congratulate on*

grau   *grey*

Hebel(-)(der)   *lever*

hinten   *at the back*

immerhin   *all the same, none the less*

irgendwo   *somewhere (or other)*

Kauf(¨e)(der)   *purchase*

Klangregler(-)(der)   *tone control*

Knopf(¨e)(der)   *knob, button*

Kunde (all other cases add -n)(der)   *customer*

Laden(¨)(der)   *shop*

Lautsprecher(-)(der)   *loudspeaker*

Lautstärke(die)   *volume*

los!   *off we go!*

meistens   *mostly*

Meßgerät(e)(das)   *gauge*

mittler   *medium, average*

Netz(e)(das)   *net ; network ; (electricity) mains*

Netzstecker(-)(der)   *plug*

noch einmal   *once more*

Null   *zero*

oben   *on top, up above*

obwohl   *although*

Plattenspieler(-)(der)   *record player*

Plattenspieleranschluss(¨e)(der)   *record-player connection*

probieren   *to try (out)*

Rabatt(e)(der)   *discount*

reichen   *to be sufficient, last*

Schalter(-)(der)   *switch ; booking office, counter*

Schnellstoptaste(m)(die)   *pause-button*

schwer   *heavy; difficult*

selten   *seldom, rare(ly)*

ich hätte nehmen sollen   *I ought to have taken*

Spannung(en)(die)   *voltage ; tension ; excitement*

Spur(en)(die)   *track*

statt(+gen.)   *instead of*

stecken   *to put in, stick in*

Steckdose(n)(die)   *socket*

(das) stimmt   *that's right*

da stimmt was nicht   *there's something wrong*

Taste(n)(die)   *key (of piano, type-writer, tape-recorder, etc.)*

Tonband(¨er)(das)   *recording tape*

Tonbandgerät(e)(das)   *tape-recorder*

Tonkopf(¨e)(der)   *head (on tape recorder)*
Tonregler(-)(der)   *tone control*
Tragegriff(e)(der)   *handle*
sich überschneiden(insep)   *to overlap*
überspielen(insep) von   *to record from*
umschalten(sep)   *to switch over*
Umschalten der Spuren   *changing tracks*
unten   *at the bottom, down below*
unübersichtlich   *badly arranged (and so not*
   allowing a clear view of the whole)
dazwischen siehts (=sieht es) ja etwas
   unübersichtlich aus   *it looks a bit untidy between*
   the two ; it's difficult to see what's what between
   the two
Verkäufer(-)(der)   *salesman*
verlangen   *to demand, require*

mehr kann man ja nicht verlangen   *you can't ask*
   for more than that
verschieden   *different, various*
vielleicht   *perhaps*
vielseitig   *versatile*
wählen   *to choose*
Walzer(-)(der)   *waltz*
was (*short for* 'etwas')
Wechsel(-)(der)   *exchange*
Wechselstrom(der)   *A C*
wichtig   *important*
das wäre das Wichtigste   *those seem to be the most*
   important things
ziemlich   *rather ; pretty (heavy, etc.)*
Zählwerk(e)(das)   *counter (on tape-recorder, etc.)*

EIN TONBANDGERÄT

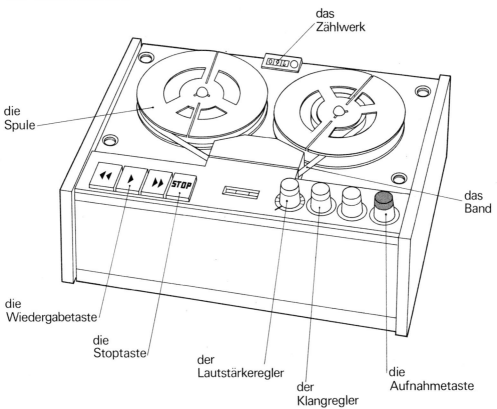

das Zählwerk

die Spule

das Band

die Wiedergabetaste

die Stoptaste

der Lautstärkeregler

der Klangregler

die Aufnahmetaste

Fragen

A

1. Wo steht das Tonbandgerät?
2. Woraus besteht das Gehäuse?
3. Wie trägt man es?
4. Wie ist es ihm gelungen, soviel Rabatt zu bekommen?
5. Wo sind die Tonköpfe?
6. Sind die Spulen unten?
7. Wo sind die Bedienungselemente?
8. Wo ist das Fach?
9. Wo gehört der Netzstecker hinein?
10. Mit welcher Spannung läuft das Gerät?
11. Wo muß das Zählwerk bei Beginn der Aufnahme stehen?
12. Wozu ist die Schnellstoptaste da?
13. Womit wird die Aussteuerung gemessen?
14. Womit wird der Klang geregelt?
15. Wieviele Eingänge hat das Gerät?

B   Write two or three sentences in answer to each of the following:

16. Wie sieht das Tonbandgerät aus?
17. Wofür will er es hauptsächlich benützen?
18. Woher weiß man, daß es kein Batteriegerät ist?
19. Was steht in der Gebrauchsanweisung?
20. Welches sind die verschiedenen Bedienungselemente?

Drills

DRILL 1   *Wo + Wohin*

Beispiel: Er setzt sich auf die Gebrauchsanweisung.

Antwort: Wohin? Auf die Gebrauchsanweisung.

Beispiel: Er sitzt auf der Gebrauchsanweisung.

Antwort: Wo? Auf der Gebrauchsanweisung.

Now begin:

1. Er setzt sich auf die Gebrauchsanweisung.
2. Das Gerät steht im Schrank.
3. Die Steckdose ist in der Ecke.
4. Er steckt den Stecker in die Steckdose.
5. Der Wein ist im Keller.
6. Er legt die Spule auf den Tisch.
7. Das Zählwerk befindet sich in der Mitte.
8. Er schaut auf das Meßgerät.

DRILL 2   *Hinter + nach*

Beispiel: Ist das Meßgerät *vor* dem Drehknopf?

Antwort: Nein, *hinter* dem Drehknopf

Now begin:

1. Ist das Meßgerät *vor* dem Drehknopf?
2. Brauchen Sie das Gerät *vor* dem Konzert?
3. Zahlt er Ihnen die 642 Mark *vor* dem Wochenende?
4. Steht das Mikrofon *vor* dem Radio?
5. Machen Sie die Aufnahme *vor* 9 Uhr?
6. Wartet Ihr Freund *vor* dem Theater?
7. Schalten Sie den Plattenspieler *vor* dem Lautsprecher ein?
8. Hören Sie den Walzer *vor* den Nachrichten?
9. Prüfen Sie die Frequenz *vor* der Spannung?
10. Ist der Klangregler *vor* der Schnellstoptaste?

DRILL 3   *'How long have you been . . .?' . . . 'for 2 years'*

Beispiel: Wie lange benützen Sie das   *Antwort:* Seit 2 Jahren.
Tonbandgerät? (2 Jahre)

Now begin:
1. Wie lange benützen Sie das Tonbandgerät?   (2 Jahre)
2. Seit wann sprechen Sie Deutsch?   (6 Monate)
3. Wie lange gehen Sie schon auf die Universität?   (ein halbes Jahr)
4. Seit wann ist der Lautsprecher eingeschaltet?   (Freitag)
5. Wie lange ist der Tonkopf schon kaputt?   (ein paar Tage)
6. Seit wann ist der Tonkopf kaputt?   (gestern früh)

DRILL 4   Pronouns: Accusative + Dative

Beispiel: Ich fahre mit Hans.   *Antwort:* Warum denn mit ihm?

Now begin:
mit   *ohne*
1. Ich fahre mit Hans.   6. Ich reise ohne Hans.
2. Er tanzt mit Ingrid.   7. Wir spielen ohne Georg.
3. Sie fahren mit uns.   8. Ich fahre ohne Ingrid.
4. Sie fährt mit Hans und Walter.   9. Wir arbeiten ohne Ingrid und Hans.
5. Sie kommt mit mir.   10. Ich fahre ohne meine Frau.

DRILL 5   Dative Revision

Beispiel: der Schrank   *Antwort:* In dem Schrank

Now begin:
1. der Schrank   6. dieses Konzert
2. die Werkstatt   7. meine Firma
3. das Büro   8. die Mitte
4. die Steckdose   9. eine Fabrik
5. das Fach   10. das Ausland

DRILL 6   *In* + Dative and Accusative

Beispiel: Wo sind die Bücher? (das Büro)   *Antwort:* Sie sind im Büro.

Now begin:
1. Wo sind die Bücher? (das Büro)   5. Wo ist Ingrid? (die Bibliothek)
2. Wo ist das Hotel? (das Stadtzentrum)   6. Wohin gehen Hans und Walter? (das Kino)
3. Wo ist der Stecker? (die Steckdose)   7. Wo fährt er hin? (das Ausland)
4. Wo ist die Antwort? (die   8. Wohin kommt dieser Knopf? (die Mitte)
   Gebrauchsanweisung)

DRILL 7   *Mit/Ohne*

Beispiel: Nehmen Sie Kaffee *mit* Sahne?   *Antwort:* Nein, *ohne* Sahne.

Now begin:
1. Nehmen Sie Kaffee mit Sahne?   2. Kaufen Sie das Gerät mit Rabatt?

3. Wollen Sie es mit Spule?
4. Läuft das Radio ohne Strom?
5. Ist das ein Mikrofon mit großem Frequenzbereich?
6. Trinken Sie Tee mit Zucker?

7. Ist der Film ohne Musik?
8. Ist das eine Aufnahme mit Fehlern?
9. Arbeiten Sie ohne Lexikon?
10. Hören Sie mit Interesse zu?

8   Written Exercise

Beschreiben Sie das Tonbandgerät in Ihrer Kabine im Sprachlabor (50 Worte)

9   Oral/Written Translation/Dictation

In unserer Abteilung//haben wir neulich ein raffiniertes kleines Tonbandgerät gekauft.//Es wiegt nur $2\frac{1}{2}$ Kilo,// und braucht keinen Netzstecker.//Warum?//Weil das Gerät mit 5 kleinen Batterien betrieben wird,//die unten in einem kleinen Fach sind.//Das schnelle Vor- und Zurückspulen//wird von einem Knopf vorne kontrolliert,//und an der Seite//befindet sich ein Schalter//mit einem Anschluß//für das Mikrofon.//Bei diesem Gerät verwendet man kleine Kassetten—//sehr praktisch,//weil sie sehr schnell eingelegt werden können.//Die anderen Knöpfe//regeln die Lautstärke//beim Spielen, und bei der Aufnahme.//Das ganze Gerät//ist kaum größer als ein Photoapparat//und paßt sehr gut//in meine Aktenmappe.

10   Oral/Written Translation

Since devaluation,//life has become more expensive//especially because//I often have to go abroad on business trips.//Our exports//should go up, though,//because our prices are not so high.//The problem is//that if we increase our exports,//we have to increase our imports as well,//because our raw material*//comes from South America//and of course we will have to pay more for it now.//And that's not all!//You should see my wine bill!//It's a pity//we haven't any vineyards† in England.//Perhaps wine wouldn't be so dear then.//

Rohstoff(m)   †*Weingarten*(¨)(m)

Grammar   *Prepositions*

The vast majority of German prepositions fall into three quite distinct categories according to the case which follows them. There are those prepositions taking 1. Accusative; 2. Dative; 3. sometimes Accusative, sometimes Dative.

1. ACCUSATIVE
Learn the following list:

durch   (through): *durch **den Garten***
für   (for): *für **mich***
gegen   (against): *gegen **die** Wand*
ohne   (without): *ohne **meinen** Freund*
um   (round): *um **die** Ecke*

2. DATLVE
Learn the following list:

aus   (out of): *aus **dem** Garten*; also = from (a place) e.g.: *er ist **aus** Berlin.*
bei   (at the house, etc. of; French *chez*): *bei **mir**.*

   mit (with): *mit der Bahn*

   nach (after): *nach dem Krieg*; also = to (a place), e.g.: *wir fahren nach Berlin.*

   seit (since): *seit seinem Tod*

   von (from)(persons): *von meinem Freund*

   zu (to)(persons): *ich ging zu ihm*

NOTE. *a. aus* (from) and *nach* (to) are used with *places.*

   b. von (from) and *zu* (to) are used with *persons.*

3. Most other prepositions take *Accusative* if they denote 'motion to . . .' but *Dative* if they denote 'no motion to . . .':

ACCUSATIVE		DATIVE	
auf: *auf den Tisch*	*onto* the table	*auf dem Tisch*	*on* the table
in: in *das Zimmer*	*into* the room	*in dem Zimmer*	*in* the room
an: an *die See*	*to* the sea	*an der See*	*by* the sea
	etc.		etc.

4. There are, in addition, a few prepositions which take the Genitive case, e.g.:

   trotz (in spite of): *trotz des Wetters*

   wegen (because of): *wegen der Sonne*

   während (during): *während des Krieges*

   statt (instead of): *statt meines Freundes*

NOTE. In modern spoken German, there is a tendency for such prepositions to take the dative instead of the genitive.

Dialog   *Urlaub mit Hindernissen*

Was stellen Sie sich vor, wenn Sie 'Reisebüro' hören? Ferne Länder, tropische Sonne, Urlaub? Manchmal gibt es leider auch Schwierigkeiten.

Künzel   (wählt eine Telefon-Nummer) 23 70 02. Hallo, ist dort Reisebüro 'Sonnenschein'? Wie? Hier ist Künzel. Ich möchte gerne mit Fräulein Leutner sprechen.

Telefonistin Selbstverständlich. Fräulein Leutner ist gerade nach oben gegangen. Bitte bleiben Sie am Apparat. Ich verbinde Sie.

Leutner   Reisebüro 'Sonnenschein', Leutner, Guten Tag. Sie wünschen, bitte?

Künzel   Grüß Gott! Sie erinnern sich vielleicht, daß ich eine Schiffspassage bei Ihnen gebucht habe. Nach England. Sie haben sich doch damit befaßt?

Leutner   Verzeihung, wie war Ihr werter Name?

Künzel   Künzel, Arnold Künzel.

Leutner   Wie bitte, Bünzel?

Künzel   Nein, Künzel: Kaufmann, Übermut, Nordpol, Zacharias, Emil, Ludwig.

Leutner   Ah, – Herr Künzel. Entschuldigen Sie. Darf ich mir noch einmal die Einzelheiten notieren? Wann waren Sie bei uns?

Künzel   Vor etwa 10 Tagen.

Leutner   Oh, ich erinnere mich, glaube ich. Das war für den 3. August von Bremerhaven nach Harwich. Stimmt das?

Künzel   Nicht ganz. Der Termin ist richtig. Aber ich wollte für die Strecke Rotterdam – Hull buchen. Mit Wagen. Eine holländische Gesellschaft, wie. . . .

Leutner   Ganz richtig. Wir sollten Ihnen die Fahrkarten zuschicken.

Künzel   Genau. Das haben Sie aber nicht getan. Heute früh ist nichts mit der Post gekommen. Übermorgen fahre ich schon.

Leutner   Das tut mir furchtbar leid. Ich sehe gleich mal in der Kartei nach. Einen Augenblick, bitte . . . . . . Herr Künzel? Hören Sie?

Künzel   Ja, am Apparat.

Leutner   Ich habe jetzt die Unterlagen vor mir: Sie hatten gebucht eine Überfahrt von Rotterdam nach Hull, einfach. Datum: 3. 8., 2 Personen, 2-Bett-Kabine, Wagen unter 4, 25 m Länge.

Künzel   Und? Haben Sie die Sachen abgeschickt?

Leutner   Ja, natürlich. Wir bekamen sie allerdings erst gestern nachmittag aus Rotterdam. Aber sie wurden heute früh an Sie weitergeleitet. Heute nachmittag oder spätestens morgen früh. . . .

Künzel   Gut, gut, ich hoffe, Sie haben recht. Wann muß ich eigentlich an der Fähre sein?

Leutner   Augenblick, hier steht etwas im Prospekt. 'Die Passagiere werden gebeten, sich spätestens um 5 Uhr nachmittags am Kai 7 einzufinden'.

Künzel   Dankeschön. Hoffentlich beeilt sich die Post.

Leutner   Ganz bestimmt! Gute Reise, Herr Künzel! Auf Wiederhören!

Vocabulary

abschicken(sep.) *to send off*
Abteilung(en)(die) *department*
allerdings *though; it's true*
Apparat(e)(der) *telephone; camera; (TV, radio)*
  set
bleiben Sie am Apparat *hold the line, hang on*
Augenblick(e)(der) *moment*
einen Augenblick *one moment*
sich beeilen *to hurry, be quick*
sich befassen mit *to deal with, see to*
bestimmt *definite(ly)*
bitten, -, bat, hat gebeten *to ask, i.e. request*
buchen *to book*
eigentlich *actual(ly)*
einfach *single (ticket); simple*
sich einfinden (sep), -, fand sich ein, hat sich
  eingefunden *to arrive, turn up*
Einzelheit(en)(die) *detail*
entschuldigen Sie *I beg your pardon*
sich erinnern(an + acc) *to remember*
erst gestern *only yesterday*
etwa *about, approximately, roughly*
Fähre(n)(die) *ferry*
fern *distant, far-off*
furchtbar *frightful(ly)*
es tut mir furchtbar leid *I'm terribly sorry*
genau *exact(ly), precise(ly)*
gerade *just, e.g.: sie ist gerade gegangen she has
  just gone*
Gesellschaft(en)(die) *company; society*
Grüß Gott (*S. German for* 'Guten Tag')
Hindernis(se)(das) *hindrance, obstacle, snag*
hoffen *to hope*
hoffentlich (adverb) *I hope*
hoffentlich kommt er *I hope he comes*
Kai(s)(der) *quay*

Kartei(en)(die) *file, card-index*
Länge(n)(die) *length*
leider *unfortunately*
manchmal *sometimes*
nachsehen(sep), sieht nach, sah nach, hat
  nachgesehen *to look (something) up*
Prospekt(e)(der) *prospectus, brochure*
Sie haben recht *you are right*
Reisebüro(s)(das) *travel agency*
Schiff(e)(das) *ship*
Schwierigkeit(en)(die) *difficulty*
selbstverständlich *but of course*
spätestens *at the latest*
Strecke(n)(die) *route; stretch, section of route*
Termin(e)(der) *date*
tut, tut, tat, hat getan *to do (see also 'furchtbar')*
Überfahrt(en)(die) *crossing*
übermorgen *the day after tomorrow*
Unterlage(n)(die) *document; (pl.) particulars*
  'papers'
Urlaub(e)(der) *holiday*
verbinden, -, verband, hat verbunden *to connect;*
  put through (on phone)
Verzeihung! *sorry!*
sich vorstellen(sep) *to imagine*
ich stelle mir etwas vor *I imagine something*
wählen *to choose, select; dial*
weiterleiten(sep) *to forward*
wert *worthy, worth*
wie war Ihr werter Name? *what was the name,*
  please?
auf Wiederhören *goodbye (said on telephone, radio)*
wie? *pardon?*
wünschen *to wish*
Sie wünschen, bitte? *Can I help you?*
zuschicken(sep) *to send to*

Fragen

A
1. Welche Nummer wählt Herr Künzel?
2. Wie buchstabiert man Künzel?
3. Wann war Herr Künzel im Reisebüro?
4. Warum will er gerade mit Fräulein Leutner
   sprechen?
5. Woran erinnert sie sich nicht mehr?
6. Wo möchte er abreisen?
7. Fliegt er von Rotterdam nach Hull?
8. Was sollte das Reisebüro besorgen?

9. Wann fährt er?
10. Reist er allein?
11. Wann müßte Herr Künzel die Fahrkarten
    spätestens erhalten?
12. Wann soll er am Kai sein?
13. Wo steht das?
14. Mit welchem Schiff fährt er?
15. Warum mit einer Fähre?

B   Write two or three sentences in answer to each of the following:

16. Welche Funktionen hat ein Reisebüro?
17. Nennen Sie einige typische Redewendungen, die in Telefongesprächen oft benutzt werden!
18. Erklären Sie den Titel dieses Kapitels: 'Urlaub mit Hindernissen'!
19. Geben Sie die Einzelheiten von Herrn Künzels Reise!
20. Schreiben Sie einen Beschwerdebrief an das Reisebüro!

Drills

DRILL 1   – *ung* nouns from verbs

Beispiel: einfach zu *lösen*   *Antwort:* Das ist eine einfache *Lösung.*

Now begin:
1. einfach zu lösen
2. gut zu beobachten
3. schnell abkühlen
4. genau messen
5. exakt darstellen
6. klar vorstellen
7. vollständig entwickeln
8. fest verbinden
9. elektrisch laden
10. chemisch wirken
11. unerwartet erhöhen

DRILL 2   – *keit* nouns from adjectives

Beispiel: Wasser ist *flüssig.*   *Antwort:* Die *Flüssigkeit* des Wassers ist mir bekannt.

Now begin:
1. Wasser ist *flüssig.*
2. Kohle ist *brennbar.*
3. Eisen ist *zweiwertig.*
4. Das Schiff fährt *regelmäßig.*
5. Dieser Vorgang ist *gesetzmäßig.*
6. Der Gast kommt *pünktlich.*
7. Das Zimmer ist *sauber.*
8. Diese Verbindung ist *unmöglich.*
9. Diese Entwicklung ist *wahrscheinlich.*

DRILL 3   Verb stems as nouns

Beispiel: Bei höherer Temperatur *dampft* es. (der).   *Antwort:* Können Sie sich den *Dampf* vorstellen?

Now begin:
1. Bei höherer Temperatur *dampft* es. (der)
2. Er *arbeitet* an einer neuen Atomtheorie. (die)
3. Ich *vergleiche* Wasserstoff und Chlor. (der)
4. Er *schlägt* ihm auf die Nase. (der)
5. Der Wagen *verbraucht* mehr als 20 Liter. (der)
6. Die Rechnung *beträgt* 2 Milliarden Dollar. (der)
7. Seine Rede *fängt an* wie immer. (der)
8. Wir *baden* bei −10°. (das)
9. Eine Maschine *formt* die Teile. (die)
10. Alles *läuft* in 10 sec. *ab.* (der)

DRILL 4   Perfect tense: Reflexive verbs

Beispiel: Ich ärgere mich über die Schwierigkeiten, und Sie?   *Antwort:* Wir haben uns auch über die Schwierigkeiten geärgert.

Now begin:
1. Ich ärgere mich über die Schwierigkeiten, und Sie?

2. Er freut sich über die Überfahrt, und Sie?

3. Wir unterhalten uns über die Autofähre, und Sie?

4. Wir entscheiden uns für die 2-Bett-Kabine, und Sie?

5. Die Passagiere treffen sich am Kai, und Sie?

6. Ihr wascht euch zweimal täglich, und Sie?

7. Fräulein Leutner beschäftigt sich mit den Reise-Unterlagen, und Sie?

8. Der Kapitän weigert sich abzufahren, und Sie?

9. Fachleute stellen sich diese Frage häufig, und Sie?

5   Oral/Written Translation/Dictation

Was würden Sie an meiner Stelle tun?//Es handelt sich//um eine Geschäftsreise nach Spanien,//
die ein Vertreter unserer Firma machen muß.//Wir verhandeln im Augenblick//mit einer sehr
großen spanischen Baugesellschaft.//Sie wollen eine Menge Metallprodukte von uns kaufen// –
Kupferrohre//vorgefertigte Fensterrahmen aus Stahl und so weiter.//Auch mit den Preisen//sind
sie einverstanden;//aber sie wollen,//daß wir die Fracht- und Versicherungskosten nach Madrid
bezahlen.//Das wird einfach zuviel.//Eigentlich//müßte ein Direktor unserer Firma an Ort und
Stelle sein,//dann könnten wir, glaube ich,//sehr schnell// den Vertrag unterzeichnen.//Leider ist
Schmitz in Brüssel,//und der andere Direktor, Hansen, ist krank.//Augenblicklich//kann *ich*
unmöglich das Werk verlassen,//weil wir Schwierigkeiten mit den Arbeitskräften haben.//Sie
verlangen eine Lohnerhöhung von 20%.//So eine Unverschämtheit!//Kommt natürlich nicht in
Frage.//Es könnte aber so weit kommen,//daß sie streiken.//Was kann ich bloß tun?//

6   Oral/Written Translation

I mustn't forget//to buy new batteries//for our new tape-recorder.//Last week//I made a recording
of Brahms' 4th Symphony,//but it was not very good//because the batteries//only work for
about 20 hours,//and I'd forgotten//that we had already used the tape-recorder for 18 hours//
without changing them.//Also, a small tape-recorder//is not very good for symphonies//because
the speakers are too small.//It's very good for conversation recording though.//I have recorded
some very interesting things in France and Germany.//The tape-recorder is so small//that it fits
into a briefcase.//

Reading passage

Schonzeit für das Urlaubsbudget

Der lange Winter und kalte Ostertage haben den Beginn der Reisezeit und der Touristen-
saison durcheinandergebracht. Für Pfingsten nun prophezeien die Verkehrsstrategen das
Ausbrechen der großen Reisewellen auf den Straßen, Schienen und in der Luft. Wenngleich
Flugreisen in den Süden weitgehend ausverkauft sind, handelt es sich jedoch vorwiegend
nur um Kurz- oder Feiertagsurlauber. Neue Pfingstrekorde werden nicht darüber hinweg-   5
täuschen können, daß die Angebote der Produzenten des Ferienglücks für die Hochsaison zu
einem guten Teil schon ausgebucht sind, für die übrige Zeit aber nur sehr zögernd an den
Mann gebracht werden können.
Drei Wochen Riviera mit Vollpension kosten in der Hauptsaison 720 Mark, in der Vorsaison
zahlt man für den Spaß jedoch nur 348 Mark – 'man hat also 372 Mark gespart', rechnet der   10

Reiseveranstalter bei diesem Beispiel vor, das zeigen soll, wie günstig im Reisejahr 1970 Urlaub zu machen ist, wenn man die richtige Zeit wählt. Allen Bundesbürgern, die im Zwang der Schulferienordnung oder geschlossener Betriebsferien während der Hochsaison Urlaub machen müssen, könnte eigentlich vor Ärger die Galle hochkommen. Denn nie zuvor gab es so viele und vom Preis her zum Teil geradezu unglaubliche 'Nebensaison' – Vorteile wie in   15 diesem Jahr. Zu den Kleinigkeiten gehört, daß Mai- und Juni-Urlaubern etwa ein Souvenir geschenkt wird, daß sie kostenlos Hallenbad oder Sauna benützen, in der Pferdekutsche spazierenfahren oder eine Stunde reiten dürfen.

Anderswo steht kostenlos ein Mietauto zur Verfügung (nur das Benzin muß man selbst bezahlen), gibt es ein Bon-Heft für über ein Dutzend Preisvergünstigungen. Das Kind bis   20 zu sechs Jahren kann, wenn es mit zwei Erwachsenen reist, völlig unentgeltlich Ferien machen – und das jetzt nicht nur in Bulgarien oder Rumänien, wo mit stattlicher Finanzhilfe daraus ein erfolgreicher Werbeschlager gemacht wurde, sondern auch in ein paar Orten in Oberbayern, Österreich, der Schweiz und an der Adria. Oder es wird ein 'Hobby-Paket' (Tennis, Reiten, Minigolf) kostenlos zur Verfügung gestellt.   25
Mindestens 10% müßten Pauschalreisen außerhalb der Hochsaison eigentlich generell billiger sein.

Süddeutsche Zeitung. 16.5.70.

Grammar   *Word formation*

1. *a.* Many *adjectives* form *nouns* by the addition of the suffix **-heit**:
   schön – Schönheit (beauty)   *einfach – Einfachheit* (simplicity)
   einzeln – Einzelheit (detail)   *unverschämt – Unverschämtheit* (piece of
                                                                                        insolence)

   b. However, if the adjective ends in *-bar*, *-ig*, or *-lich*, the suffix is **-keit**:
   furchtbar – Furchtbarkeit (frightfulness) *flüssig – Flüssigkeit* (liquid)
   richtig – Richtigkeit (rightness)   *möglich – Möglichkeit* (possibility)
   NOTE. The vast majority of nouns in **-heit** and **-keit** are abstract. All such nouns are feminine.

2. Many verbs form nouns by adding the suffix **-ung** to their stem:
   lösen – Lösung (solution)   *entwickeln – Entwicklung* (development)
   stellen – Stellung (position)   *verbinden – Verbindung* (connection)
   NOTE. All nouns ending in **-ung** are feminine.

3. Many other verbs form nouns simply from their stem:
   scheinen – Schein (shine; appearance)   *ausverkaufen – Ausverkauf* (sale; sell-out)
   teilen – Teil (part)   *vergleichen – Vergleich* (comparison)
   grüßen – Gruß (greeting)   *anfangen – Anfang* (beginning)
   NOTE. All the above nouns, and most nouns so formed, are masculine. A few, however, are feminine:
   arbeiten – Arbeit   *wählen – Wahl* (choice; election)
   formen – Form
   An *Umlaut* on the verb stem disappears in such nouns (e.g. *grüßen – Gruß*; *wählen – Wahl*)

Dialog   *Flug LH 421 Köln–London*

Flugplatz Köln-Bonn, Viertel vor eins. Diplom-Ingenieur Schröder wartet schon über eine halbe Stunde in der Halle. Wo Müller nur bleibt? Schröder zündet eine Zigarette an, die dritte, und blättert im 'Spiegel': . . . Notwendigkeit, die Steuern zu erhöhen . . . Ist die Mark noch zu retten? Unmöglich, sich hier zu konzentrieren.

Schröder	Und jetzt auch noch der Lautsprecher. Das macht einen ja ganz nervös.
Lautsprecher	Lufthansa kündigt ihren Flug 421 nach London an. Fluggäste, die noch nicht am Gepäckschalter waren, werden gebeten, dies nachzuholen. . . .
Schröder	Da haben wir's. Schon zehn vor eins. Keine Spur von Müller. Er denkt nicht daran, pünktlich zu sein. Am Schalter ist er nicht. Kein Taxi zu sehen. Und wir haben doch alles genau vereinbart.

Aber Herr Müller hat es doch geschafft. In letzter Minute. Er steht gerade vor der Anzeigentafel und liest:

Müller	Flug 252, nach Flugplan 13.15, Abflugzeit 13.20 . . . Nee, das stimmt nicht. Aber hier: Flug 421, 13.25, Ausgang. . . .
Schröder	Na, Müller. Höchste Zeit, nicht wahr?
Müller	Tag, Schröder. Ich habe Sie gar nicht kommen sehen.
Schröder	Und ich hatte schon befürchtet, ohne Sie reisen zu müssen. Wissen Sie, wie spät es ist?
Müller	Natürlich. Aber bitte, immer mit der Ruhe, regen Sie sich nicht auf. Es war einfach unmöglich, eher da zu sein. Der Chef hat mich ziemlich lang aufgehalten.
Schröder	Na, gut. Wir haben ja glücklicherweise noch ein bißchen Zeit. Am Schalter waren Sie schon, ja? Gepäck, Flugschein, und so . . . Was war denn? Schießen Sie los!
Müller	Na ja, um am Montag anzufangen. Da hatten wir diese unangenehme Reklamation, Baumann & Co., wissen Sie?
Schröder	Hat wohl viel Zeit gekostet, das zu erledigen?
Müller	Na, können Sie sich denken. Dienstag und Mittwoch der Besuch bei Hansen in Hamburg. War ja recht interessant, aber nicht gerade eine Ferienreise. Am Donnerstag schließlich noch eine Werksführung für ein paar CDU-Leute aus Bonn. Da war natürlich nichts zu machen.
Schröder	Ein umfangreiches Programm. Ich bin wirklich froh, Sie trotzdem hier zu sehen.
Müller	Sie haben eben Glück. Gottseidank war auf der Autobahn nicht sehr viel Verkehr. Zigarette?
Schröder	Danke, im Augenblick nicht. Aber nun etwas anderes: Was steht uns eigentlich in Birmingham bevor?
Müller	Tja, ich glaube mehr oder weniger dasselbe wie voriges Jahr. Eins läßt sich allerdings sagen! Die Verhandlungen mit Evans werden härter sein.
Schröder	Wie meinen Sie: das Ansteigen unserer Preise, Erfolg der Konkurrenten? Sind das die Ursachen?

Müller	Klar, die Konkurrenz schläft nicht. Und die Konjunktur sieht auch nicht gerade rosig aus. Das ist zu berücksichtigen. Haben Sie die Unterlagen dabei?
Schröder	Alles in der Mappe hier. Die Prospekte über unsere verbesserten Kunstfasern, größere Auswahl, bessere Qualität.
Müller	Ganz zu schweigen natürlich von unserer neuen Entwicklung: wasserdicht, luftdurchlässig, widerstandsfähig, und so weiter.
Schröder	Sehr schön. Jetzt geht es nur noch darum, die Herrschaften in Birmingham zu überzeugen.
Müller	Warten wir ab. Wird's allmählich Zeit?
Lautsprecher	Achtung, Achtung. . . .
Schröder	Aha, das wird unser Europa-Jet sein.
Lautsprecher	Fluggäste für Flug 421 nach London. Bitte begeben Sie sich zum Ausgang 16. Halten Sie bitte Ihre Bordkarte bereit. Wir wünschen Ihnen einen guten Flug. . . .

Vocabulary

Abflugzeit(en)(die) *take-off time*

abwarten(sep) *to wait to the end*

warten wir ab *let's wait and see*

Achtung(die) *respect; attention*

Achtung! *attention, please!; look out!*

allerdings *however*

allmählich *gradual(ly)*

wird's(=es) allmählich Zeit? *won't it soon be time?*

anfangen(sep), fängt an, fing an, hat angefangen *to begin, start*

na ja, um am Montag anzufangen . . . *well, to start with Monday . . .*

ankündigen(sep) *to announce*

ansteigen(sep) *to rise, ascend*

das Ansteigen der Preise *rise in prices*

Anzeigetafel(n)(die) *announcements board*

anzünden(sep) *to light up (cigarette); kindle (fire)*

aufhalten(sep), hält auf, hielt auf, hat aufgehalten *to detain, delay, hold up*

sich aufregen(sep) *to get excited*

regen Sie sich nicht auf! *don't get excited!*

im Augenblick nicht *not at the moment*

Ausgang("e)(der) *way out, exit*

Auswahl(en)(die) *choice, selection*

befürchten *to fear*

sich begeben, begibt sich, begab sich, hat sich begeben *to make one's way, proceed*

bereit *ready, in readiness*

berücksichtigen *to bear in mind*

der Besuch bei *visit to*

bevorstehen(sep), -, stand bevor, hat bevorgestanden(+dat.) *to be imminent, in the offing*

was steht mir bevor? *what have I to expect? what awaits me?*

ein bißchen *a bit*

bitten, -, bat, hat gebeten *to ask, request*

blättern in *to thumb through (book, etc.)*

Bordkarte(n)(die) *boarding ticket*

CDU (=Christlich-Demokratische Union)

da haben wir's (= es) *a fine state of affairs!*

dabei = bei sich *with you, on you*

denken, -, dachte, hat gedacht(an +acc.) *to think (of)*

er denkt nicht daran, pünktlich zu sein *he never thinks of being on time*

(das) können Sie sich denken *you can well imagine that; you can say that again!*

dies (=dieses, *when used as a* pronoun)

eher (*comparative of* bald = *soon*)

Entwicklung(en)(die) *development*

Erfolg(e)(der) *success*

erhöhen *to raise, increase*

Ferienreise(n)(die) *holiday trip*

Flug("e)(der) *flight*

Fluggast("e)(der) *(air)passenger*

Flugplan("e)(der) *flight plan, timetable*

nach Flugplan *according to, as per timetable*

Flugplatz("e)(der) *airport*

Flugschein(e)(der) *plane ticket*

froh *glad*

es geht darum, . . . *it's a question of . . .*

es geht nur noch darum *it only remains to . . .*

Gepäck(das) *baggage, luggage*

Gepäckschalter(-)(der) *baggage counter*

gerade *just (now); directly, straight*

nicht gerade   *not exactly*
Glück(das)   *luck; happiness*
Sie haben eben Glück   *you're just lucky*
glücklicherweise   *fortunately*
Gott sei Dank (or in one word)   *thank goodness*
Halle(n)(die)   *concourse, foyer*
die Herrschaften   *the gentlemen*
höchste Zeit!   *high time; about time!*
Köln   *Cologne*
Konjunktur(die)   *trade position; state of the market*
Konkurrent(en)(der)   *competitor*
Konkurrenz(die)   *competition*
es kostet viel Zeit   *it takes much time*
Kunstfaser(n)(die)   *synthetic, man-made fibre*
eins läßt sich sagen   *one thing may be said*
Lautsprecher(-)(der)   *loudspeaker*
lesen, liest, las, hat gelesen   *to read*
losschießen(sep), -, schoß los, hat losgeschossen   *to fire off, away*
schießen Sie los!   *fire away!*
luftdurchlässig   *letting air through*
Mappe(n)(die)   *portfolio; briefcase*
wie meinen Sie?   *how do you mean?*
nachholen(sep)   *to catch up on (work, sleep, etc.) to remedy, make up for, make good (a lack, etc.)*
nee(=nein)
nervös   *nervy, on edge*
da war nichts zu machen   *nothing could be done about it*
Notwendigkeit(en)(die)   *necessity*
wo er nur bleibt?   *where on earth is he?*
Reklamation(en)(die)   *(official) complaint*
retten   *to save, rescue*
rosig   *rosy*

immer mit der Ruhe!   *take it easy!*
schaffen   *to 'make' (a place on time)*
er hat es doch geschafft   *he has made it after all*
schließlich   *finally*
schweigen, -, schwieg, hat geschwiegen   *to be silent*
ganz zu schweigen von . . .   *to say nothing of . . .*
Spiegel(-)(der)   *mirror; (name of a German weekly magazine)*
Spur(en)(die)   *trace, vestige; track*
keine Spur von . . .   *not a trace of . . . no sign of . . .*
Steuer(n)(die)   *tax*
Tja (=ja; *often fills up a pause while speaker is thinking of what to say) well, . . .*
trotzdem   *nevertheless, all the same*
überzeugen(insep)   *to convince*
umfangreich   *extensive*
(un)angenehm   *(un)pleasant*
(un)möglich   *(im)possible*
Unterlage(n)(die)   *document; (pl.) papers; particulars*
Ursache(n)(die)   *cause; reason*
verbessern   *to improve; correct*
vereinbaren(insep)   *to agree on, fix*
Verhandlung(en)(die)   *negotiation*
Verkehr(der)   *traffic*
voriges Jahr   *last year*
was anderes (=etwas anderes)
was war denn?   *what's been going on?*
wasserdicht   *watertight*
Werksführung   *works visit*
Widerstand (¨e)(der)   *resistance*
widerstandsfähig   *resistant, durable*

Fragen

A

1. Wo befindet sich Herr Schröder?
2. Warum raucht er so viele Zigaretten?
3. Welchen Flug kündigt die Lufthansa an?
4. Wohin müssen alle Fluggäste zuerst gehen?
5. Um wieviel Uhr fliegt das Flugzeug ab?
6. Was hat Herr Schröder schon befürchtet?
7. Wo war Herr Müller am Dienstag und Mittwoch?
8. Warum fahren die beiden Männer nach Birmingham?

9. Warum sind die Verhandlungen in diesem Jahr wahrscheinlich härter?
10. Wie sieht die Konjunktur aus?
11. Was wollen die Herren verkaufen?
12. Welche Eigenschaften hat ihre neue Kunstfaser?
13. Wer muß noch überzeugt werden?
14. Mit welchem Flugzeug fliegen Herr Schröder und Herr Müller?
15. Mit welcher Fluggesellschaft fliegen sie?

B   Write two or three sentences in answer to each of the following:

16. Was hat Herr Müller in den letzten vier Tagen zu tun gehabt?
17. Was wissen Sie von der deutschen Zeitschrift 'Der Spiegel'?
18. Woher kommt der Name?
19. Beschreiben Sie den Flug von Köln nach London!
20. Welche Eigenschaften muß ein guter Verkäufer besitzen?

Drills

DRILL 1   *'Without thinking about it . . .'*

Beispiel: eine Zeitlang überlegen

Now begin:

1. eine Zeitlang überlegen
2. mit Herrn Schröder sprechen
3. bei Baumann & Co. anrufen
4. meinen Chef fragen
5. die Unterlagen sehen

Antwort: Ohne eine Zeitlang zu überlegen, kann ich die Frage nicht beantworten.

6. vorher gründlich ausschlafen
7. das Manuskript finden
8. gefrühstückt haben
9. die genauen Ergebnisse wissen
10. mich von Schröder beraten lassen

DRILL 2   *versuchen + zu*

Beispiel: Bekommen Sie die Ersatzteile bald?

Now begin:

1. Bekommen Sie die Ersatzteile bald?
2. Reparierst du die Lampe?
3. Schraubst du den Draht fest?
4. Zeigen Sie Herrn Jones viel von München?

Antwort: Ja, ich versuche, sie bald zu bekommen.

5. Lernen Sie Deutsch?
6. Fahren Sie früher nach Hause?
7. Finden Sie ein Taxi?

DRILL 3   *'It's not worth . . .', etc.*

Beispiel: mitgehen

Now begin:
1. mitgehen
2. wegfahren

3. weitermachen
4. hinsehen

Antwort: Es lohnt sich nicht, mitzugehen.

5. aufstehen

Beispiel: daran teilnehmen

1. daran teilnehmen
2. bald anfangen

3. schnell aufhören
4. dort hinaufsteigen

Antwort: Ich halte es für notwendig, daran teilzunehmen

5. bei ihm anrufen

Beispiel: genügend Wasser einfüllen

1. genügend Wasser einfüllen
2. morgen den 'Spiegel' mitbringen
3. am Montag mit der Arbeit anfangen

Antwort: Vergessen Sie nicht, genügend Wasser einzufüllen

4. den Brief auf der Post einwerfen
5. Ihren Wagen heute abend wieder abholen

DRILL 4   *'I saw her going . . .'*

Beispiel: Ist meine Frau in die Halle gegangen?   *Antwort:* Ja, ich sah sie in die Halle gehen.

Now begin:
1. Ist meine Frau in die Halle gegangen?
2. Ist der Vertreter angekommen?
3. Hat Schmidt die Unterlagen gebracht?
4. Ist das Flugzeug gelandet?

5. Ist Hans zur Kantine gegangen?
6. Ist Herr Hansen schon abgefahren?
7. Ist der Personaldirektor hinausgegangen?
8. Hat der Direktor den Brief unterschrieben?

DRILL 5   *'It is to be hoped', 'feared', 'expected',* etc.

Beispiel: (befürchten)
Fräulein Müller kommt zu spät.

Antwort: Es ist zu befürchten, daß
Fräulein Müller zu spät kommt.

Now begin:
1. (befürchten)
   Fräulein Müller kommt zu spät.
2. (berücksichtigen)
   Die Konjunktur ist nicht rosig.
3. (erwarten)
   Unsere neue Kunstfaser hat Erfolg.
4. (erwarten)
   Schröder hat alles vergessen.

5. (hoffen)
   Die Zigaretten werden billiger.
6. (hinzufügen)
   Das alles kostet viel Geld.
7. (betonen)
   Wir sind nicht dazu verpflichtet.
8. (nachprüfen)
   Die Angaben stimmen.

DRILL 6   *'I don't want you to . . .'*

Beispiel: Ich werde den Zug wohl versäumen!   *Antwort:* Nein, ich möchte nicht, daß Sie den Zug versäumen.

Now begin:
1. Ich werde den Zug wohl versäumen!
2. Ich werde wohl lange warten müssen!
3. Ich muß wohl zu viel Geld ausgeben!
4. Ich muß wohl einen großen Umweg machen!

5. Ich muß wohl mit der Straßenbahn fahren!
6. Ich muß wohl alle Reiseschecks wechseln!
7. Ich muß ihn wohl besuchen!
8. Ich muß wohl länger als 10 Minuten bleiben!

7   Two-way Interpreting Exercise, Oral/Written

Wir interessieren uns//für Ihre neuen Kunstfasern.//

Well, I have all the prospectuses//in my office,//and can also//answer your questions here.//

Können Sie uns versichern,//daß sie vollkommen wasserdicht sind?//

Yes, they are waterproof//but not quite air-proof.//They don't need to be.//

Ja, und nun die Preise.//Gibt es nur *eine* Qualität,//oder verschiedene?//Und was für Rabatt geben Sie//für größere Bestellungen?//

We have three qualities,//seven colours,//prices between DM 6 und DM 8.50 per lb.//If you order up to 500 lb.//we can give you 3% discount,//over 500 lb. perhaps a little more.// We'd have to discuss that further.//It also depends//on whether you pay cash.//

Nun, wenn wir also heute 1000 Pfund bestellen,//könnten Sie dann innerhalb von 4 Wochen liefern?//Wenn Sie uns 4% Rabatt anbieten//und Ende dieses Monats liefern können,//bin ich bereit,//den Vertrag sofort zu unterzeichnen.//Meine Firma//würde ihn dann telefonisch bestätigen.//

Yes, I think that's possible.//We have some free capacity,//and our labour force//can also work overtime,//if that should be necessary.//If you would come to the office,//we can sign there.// Perhaps you would like a glass of cognac?//

8   Oral/Written Translation

The increase in our prices//by 10%//isn't exactly the best advertisement//for our products,//but without devaluation//the increase would have been bigger still.//We must now convince the customers//that our quality and selection//are the best.//Negotiations will be difficult,//because the German companies too//are producing new and improved man-made fibres.//I'll have to take over the Düsseldorf office myself –//at least for the next six months.//Sometimes I think that//Schmidt sleeps all day.//Anyway – it's high time//I went to Germany!//

Reading Passage   *Die Welt der Kunstoffe*

Josef Hausen läßt in seinem für den interessierten Laien geschriebenen Buch über Kunststoffe und Chemiefasern – Titel: 'Wir bauen eine neue Welt' – eine böse Fee die Gegenstände aus Kunststoff aus einem modernen Haushalt wegzaubern, um so die Vielzahl deutlich zu machen, die uns an Kunststoffen umgibt.

Im Bad waren die Plastikvorhänge verschwunden, Bürsten, Kämme, der elektrische Rasierapparat zerstört, die Kunstharzgeleimten Schränke zerfallen; die farbenprächtige Einbauküche mit ihren bunten Kunststoffplatten, -leisten und -beschlägen stand nackt im billigen Weichholz und starrte auf den wenig ansehnlichen Boden, von dem sich die Plastikfolien verflüchtigt hatten, und auf zwecklose Teile einst sinnvoller Küchengeräte in ihren Schubladen. Im Wohn- und Schlafzimmer war nur die moderne Note stark in Mitleidenschaft gezogen und die neuen mit Schaumstoff gepolsterten bequemen Stühle; sofern man nicht die Schränke öffnete. Darin sah es allerdings schlecht aus: Strümpfe, Unterwäsche, Hemden, Blusen, Kravatten hatten bestenfalls ein Häuflein Wolle oder Baumwolle hinterlassen, soweit sie aus Mischgeweben bestanden hatten, und der weiße Plisseerock aus Trevira, den man ohne Gefährdung seiner schönen Falten so oft reinigen konnte, wie man wollte, war bis auf ein trauriges Gürtelband verschwunden. Nur gut, daß es Tag war und niemand an die Funkstreife dachte. Er hätte vergeblich nach Lichtschalter und Telefonapparat gesucht.

Spielen Sie, verehrter Leser, dieses Hexenspiel selbst an Ihrem Schreibtisch, in Ihrem Auto, in einer Sitzecke oder in irgeneinem Kaufladen und Sie werden erstaunt sein, wieviele Kunststoffe sich in den letzten Jahrzehnten in unserer Umgebung eingenistet haben, ohne daß wir es so recht merkten. Dabei macht der Privatverbrauch an Kunststoffen weniger als die Hälfte des Gesamtverbrauchs aus.

Nun gut, aber haben denn so verschiedene Gegenstände wie Lichtschalter und Perlonstrümpfe mehr als den Namen Kunststoffe gemeinsam? Das haben sie tatsächlich, auch wenn man gerade aus ihrer Bezeichnung Kunststoffe so gut wie gar nichts darüber erfahren kann. Der Name ist sogar ausgesprochen unglücklich, da Kunststoffe weder künstliche Ersatzstoffe sind wie etwa der Kunsthonig, noch mit der Kunst, auch keiner modernen Spielart davon etwas zu tun haben.

F. Patat aus: *Chemie heute*, ed. Burghard Freudenfeld, München, 1960.

Grammar   *Infinitive*

1. The infinitive in a German clause stands last, or last but one in a subordinate clause,
e.g.   *Er denkt nicht daran, pünktlich zu* **sein**.
BUT   **Wenn** *er nur pünktlich* **sein wollte!**

2. The above examples show that the infinitive is sometimes used with *zu*, sometimes
without *zu*.
> *a.*   Infinitive without **zu**:
> No *zu* is required with an infinitive depending on a modal verb (see Unit 16), or on
> **lassen, sehen, hören, helfen** and one or two other verbs:
>> *Ich* **möchte** *nicht den Zug versäumen*
>> *Na, das* **können** *Sie sich* **denken**
>> *Wollte er Herrn Hansen* **treffen?**
>> *Eins* **läßt** *sich* **sagen**
>> *Sie* **ließ** *Herrn Schröder* **warten**
>> *Er* **sah** *Herrn Müller* **kommen**
>> *Er* **hörte** *ihn* **rufen**
>> **Helfen** *Sie mir das Auto* **schieben**.
>
> likewise with *werden* in the future tense:
>> *Die Verhandlungen* **werden** *härter* **sein**
>
> *b.*   Infinitive with **zu**:
> *Zu* is used with the infinitive in all other cases, and in the case of separable verbs
> appears between prefix and verb, all three written as one word:
>> *Es* **geht darum**, *die Käufer* **zu überzeugen**
>> *Da* **ist** *nichts* **zu machen**
>> *Es* **ist zu** *prüfen, ob* . . .
>> *Ich* **versuche**, *ihn in Berlin* **zu treffen**
>> *Es* **lohnt sich** *nicht,* **auszusteigen**
>> **Ohne** *mit ihm* **zu sprechen**

3. The infinitive is usually active in meaning (e.g. *machen* = to do), but in certain
constructions it can be passive in meaning (e.g. to be done) (cf. Unit 9). The verbs **lassen** and
sein frequently give passive meaning to an infinitive:

Da **läßt** *sich nichts machen.* ⎫	There is nothing *to be done.*
Da **ist** *nichts zu* **machen**. ⎭	

Further examples :

Das **läßt** *sich leicht ändern.*	That can easily *be changed.*
Eins **läßt** *sich* **sagen**.	One thing may *be said.*
Ich **lasse** *mir die Haare* **schneiden**.	I am causing my hair *to be cut,* i.e.
	I am having my hair cut.

(NOTE. This passive meaning of the infinitive with **lassen** occurs only when a reflexive pronoun
is present, see all the above examples.)

Das **ist zu berücksichtigen**.	That is *to be borne in mind.*
Ist *die Mark noch* **zu retten?**	Is the Mark still *to be saved?* i.e. Can the
	Mark still be saved ?
Es **ist zu hoffen**, *daß* . . .	It is *to be hoped* that . . .

4. Modal verbs, and the others mentioned in *2a* above, have a peculiarity in perfect tenses:
instead of their normal past participle, *gekonnt, gewollt, gelassen, gesehen,* etc., one uses their

infinitive form (cf. Unit 16)

Ich habe Sie kommen **sehen**.	I have *seen* you coming.
Haben Sie es machen **lassen?**	Have you *had* it done?
Das habe ich nicht sagen **wollen**.	I didn't mean that.

This is only true, however, if another infinitive is present; otherwise the past participle of these verbs is used normally, e.g. *Ich habe ihn* **gesehen**; *Das habe ich nicht* **gewollt** (I didn't want that).

5.   Care is needed over such phrases as: 'I would not like *you to miss* the train', 'She doesn't want *us to go*'. Without the pronoun in italics, there would be no problem, but the pronoun indicates a *change of subject*, and this is made clear in the German construction, which uses a *daß* clause:

Ich möchte nicht, **daß Sie** *den Zug* **versäumen**.
Sie will nicht, **daß wir gehen**.

6. • Practically any infinitive can be turned into a neuter noun by giving it the definite article and a capital letter.

Das Lesen *gefällt mir*.	*Reading* gives me pleasure.
Ich bin müde **vom Lesen**.	I am tired from *reading*.

Note particularly the use of **beim** in this connection:

Beim Lesen *schlief ich ein*.	*While reading* I fell asleep.
Beim Fußballspielen	*While playing football*
Beim Rasieren	*While shaving*
Beim Auto fahren	*While driving*

7.   An infinitive can be turned into a present participle simply by adding *-d*. The resulting word is then an adjective, taking normal adjective endings:

*fallen -**d*** (falling): *ein fallender Stein* (a falling stone)

*fahren -**d*** (travelling): *ein fahrendes Auto* (a travelling car)

*kommen -**d*** (coming): *im kommenden Jahr* (in the coming year)

Flugplan München   August 1971 **Zeitplan der Abflüge**

Abflugszeiten		Ges. Flug-Nr.	n a c h
06.45	täglich	LH 876	Köln (07.40)
07.00	täglich	LH 934	Düsseldorf (08.00)
07.00	täglich	LH 796	Hamburg (08.15)
07.05	Mi	LH 541	1 Frankfurt (07.55)
07.10	Mo, Di, Mi, Do, Fr	LH 1992	Saarbrücken (08.30)
07.25	täglich	LH 751	Frankfurt (08.15)
08.15	werktäglich	LH 752	Frankfurt (09.05)
08.20	täglich	AF-BE 1900	Berlin (09.35)
08.25	täglich	PA 79	Stuttgart (09.00) - Shannon (12.05) - New York (15.15)
08.30	täglich	LH 284	Mailand (10.30)
08.30	Mo, Di, Mi, Do, Fr	LH 818	Hannover (09.35) - Bremen (10.45)
08.35	täglich	PA 730	Berlin (09.45)
09.10	täglich	AZ 431	Venedig (11.05)
09.45	täglich	TI 003	Innsbruck (10.20)
09.50	täglich	AF 731	Paris (11.20)
10.00	täglich	AZ 425	Rom (12.25) - Neapel (14.00)
10.05	täglich	LH 096	Amsterdam (11.25)
10.05	täglich	SR 551	Zürich (10.50)
10.20	Sa	MA 650	3 Amsterdam (11.40)
10.30	täglich	BE 643	London (12.20)
10.30	Di	LY 435	4 London (12.15)
10.50	Do, So	KL 565	Entebbe (20.05) - Nairobi (21.55) - Dar-es-Salaam (23.55)
10.50	täglich	OS 412	Wien (11.45)
11.05	Di, Mi, Do, So	LH 634	Tel Aviv (15.30)
11.05	Sa	LH 509	Frankfurt (11.55)
11.10	täglich	LH 601, 603	Frankfurt (12.00)
11.15	täglich	LH 754	Frankfurt (12.05)

Dialog   *Wie funktioniert das Telefon?*

Wir befinden uns in einer Klasse der Ingenieurschule. Gerade kommt Dr. Baumann herein und hängt vorne an der Wand ein großes Schaubild auf. Darauf sind die Teile des Telefons und ein Schaltplan abgebildet. Es ist Viertel nach zehn und die Stunde fängt an.

Baumann	Meine Herren. Sie wissen natürlich, was auf der Tafel zu sehen ist. Ich wage kaum zu fragen. Herr König, bitte.
König	Es handelt sich um einen Telefon-Apparat und um einen Schaltplan.
Baumann	Ganz richtig. Danke sehr. Wir sprachen ja schon letzte Woche über Fernsprecher und Fernsprechtechnik. Vielleicht können wir nun ganz kurz das Wichtigste wiederholen. Hier zunächst die Hörkapsel. Wie würden Sie ihre Funktion beschreiben, Herr Knoll?
Knoll	Die Hörkapsel nimmt elektrische Schwingungen auf . . .
Baumann	Man nennt sie auch Sprechströme, . . .gut . . . weiter . . .
Knoll	. . . die dann in Schallwellen verwandelt werden.
Baumann	Sehr schön. Jetzt, Herr Dümmler, können Sie uns das im einzelnen hier auf der Tafel erläutern?
Dümmler	Ja. Der Sprechstrom wird in der Magnetspule induziert. Er schwankt im Sprechrhythmus und versetzt die Membrane in Schwingung. Hier vor der Spule, sehen Sie.
Baumann	Sehr schön. Nun zum Mikrofon. Dort ist ein Querschnitt. Herr Streusel, bitte. Von welchen Schwingungen geht man hier aus?
Streusel	Von elektrischen Schwingungen.
Baumann	Nein, wohl kaum. Durch das Sprechen werden doch Luftdruckschwankungen erzeugt: das Mikrofon nimmt also mechanische Schwingungen auf.
Streusel	Ach so, natürlich. Das Mikrofon verwandelt die mechanischen Schwingungen in elektrische. Zur Übertragung werden Kohleteilchen verwendet.
Baumann	Wissen Sie, wo sich diese Kohleteilchen befinden?
Streusel	Hier zwischen den beiden Elektroden. Sie sind so angeordnet, daß sie mit der Kohle in jeder Lage Kontakt geben.
Baumann	Jawohl. Zum Abschluß noch das Schaltbild auf der linken Seite. Herr Zapf.
Zapf	Beim Abheben des Hörers wird durch den Gabelkontakt der Stromkreis über die Amtsklemme geschlossen. Das Mikrofon wird vom Amt mit Strom versorgt.
Baumann	Ausgezeichnet, so steht es im Lehrbuch. Nun dreht man die Wählscheibe . . . und wie geht's weiter?
Zapf	Beim Wählen betätigt ein Nocken den Wählkontakt. Diese Leitungen hier führen gleichzeitig den Rufstrom zum sogenannten Wecker.
Baumann	Danke. Das ist genug für heute. Das nächste Mal behandeln wir dann Erdung und Widerstände.

Vocabulary

abbilden(sep)   *to portray, depict, illustrate*

Abbildung(en)(die)   *illustration (in a book)*

abheben(sep), -, hob ab, hat abgehoben   *to lift*

zum Abschluß . . .   *to finish with . . .*

Amt(¨er)(das)   *office; telephone exchange*

Amtsklemme(n)(die)   *exchange terminal*

anordnen(sep)   *to arrange*

aufnehmen(sep), nimmt auf, nahm auf, hat
   aufgenommen   *to pick up*

ausgehen(sep) von, -, ging aus, ist ausgegangen
   to start from

ausgezeichnet   *excellent*

sich befinden, -, befand sich, hat sich befunden
   *to find oneself; be (situated); (=French 'se
   trouver')*

behandeln   *to deal with, treat*

beide   *both; two (after definite article, etc.)*

beschreiben, -, beschrieb, hat beschrieben   *to
   describe*

betätigen   *to operate, set in operation*

bitten, -, bat, hat gebeten (um + acc.)   *to ask
   (for)*

darf ich um Ruhe bitten?   *can I have silence,
   please?*

Dozent(adds -en throughout sing. + pl.)
   lecturer

drehen   *to turn, rotate*

im einzelnen   *in detail*

Erdung(die)   *earthing*

erläutern   *to explain, elucidate*

erzeugen   *to produce, generate*

Fernsprecher(-)(der)   *telephone*

führen   *to lead, conduct*

Gabel(n)(die)   *fork; receiver-rest*

gleichzeitig   *at the same time, simultaneous(ly)*

es handelt sich um(+acc.)   *it's a question, a
   matter of; the subject is . . .*

Hörer(-)(der)   *telephone receiver*

Hörgabel (*see* 'Gabel')

Hörkapsel(n)(die)   *receiver, earphone*

kaum   *hardly, scarcely*

wohl kaum   *no, hardly (polite contradiction)*

Kohle(n)(die)   *coal; carbon*

Kohleteilchen(-)(das)   *carbon particle*

Lage(n)(die)   *position, situation*

Lehrbuch(¨er)(das)   *textbook*

Leitung(en)(die)   *(electricity) lead*

Luftdruck(e)(der)   *air pressure*

nennen, -, nannte, hat genannt   *to name, call*

Nocken(-)(der)   *cam*

quer   *across, transverse*

Querschnitt(e)(der)   *cross-section*

Rufstrom(¨e)(der)   *ringing current*

Ruhe (*see* 'bitten um')

Schallwelle(n)(die)   *sound wave*

Schaltbild(er)(das)   *circuit diagram*

Schaubild(er)(das)   *diagram; chart*

schließen, -, schloß, hat geschlossen   *to close,
   shut*

schwanken   *to oscillate; fluctuate; stagger, totter;
   hesitate, vacillate*

Schwankung(en)(die)   *oscillation, etc.*

Schwingung(en)(die)   *vibration*

in Schwingung versetzen   *to set in vibration*

sogenannt   *so-called*

Sprechstrom(¨e)(der)   *speech current*

Spule(n)(die)   *coil*

Strome(¨e)(der)   *current; large river*

Stromkreis(e)(der)   *(electric) circuit*

Tafel(n)(die)   *blackboard; bar (of chocolate, etc.)*

Teil(e)(der)   *part*

Teilchen(-)(das)   *particle*

Übertragung(en)(die)   *transference; transmission*

versorgen   *to supply, provide*

verwandeln   *to transform*

verwenden   *to use, employ*

vorne   *at the front*

wagen   *to dare, risk*

Wand(¨e)(die)   *wall*

wählen   *to choose; dial*

Wählscheibe(n)(die)   *dial*

Wecker(-)(der)   *alarm-clock; telephone bell*

weiter (*comparative of* 'weit' = *far*)   *continue;
   go on*

wichtig   *important*

Widerstand(¨e)(der)   *resistance*

wiederholen(insep)   *to repeat, recapitulate, revise,
   go over again*

wohl (*see* 'kaum')

zunächst   *first of all*

zwischen   *between(+acc. if 'motion to . . .')
   (+dat. if 'no motion to . . .')*

Fragen

A

1. Was wird in der Klasse besprochen?
2. Wo befindet sich die Klasse?
3. Was wird von Dr. Baumann an der Wand aufgehängt?
4. Was ist auf der Tafel zu sehen?
5. Was wird von Herrn Knoll beschrieben?
6. Wovon werden die elektrischen Schwingungen aufgenommen?
7. Woraus entstehen die Schallwellen?
8. Wo wird der Sprechstrom induziert?
9. Wodurch wird die Membrane in Schwingungen versetzt?
10. Welche Schwingungen nimmt das Mikrofon auf?
11. Wozu werden Kohleteilchen verwendet?
12. Was wird beim Abheben des Hörers geschlossen?
13. Wie wird das Mikrofon mit Strom versorgt?
14. Was dreht man beim Telefonieren?
15. Wodurch wird der Rufstrom dem Wecker zugeführt?

B   Write two or three sentences in answer to each of the following:

16. Sie möchten einen Freund anrufen, dessen Nummer nicht im Telefonbuch steht. Was tun Sie dann?
17. Was halten Sie von unserem Telefonsystem?
18. Sind Sie für oder gegen die Einführung des 'Fernseh-Telefons'? Warum?
19. Wie hat das Telefon unser Leben verändert?
20. Wenn ein Telefon nicht funktioniert, woran kann es liegen?

Drills

DRILL 1   Imperfect Passive: Revision

Beispiel: Haben Sie den Schaltplan geprüft?   *Antwort:* Ja. Der Schaltplan wurde geprüft.

Now begin:
1. Haben Sie den Schaltplan geprüft?
2. Haben Sie die Funktion geprüft?
2. Haben Sie die Elektrode geprüft?
4. Haben Sie den Gabelkontakt geprüft?
5. Haben Sie die Mikrofone geprüft?

6. Haben Sie die Widerstände geprüft?
7. Haben Sie die Nocken geprüft?
8. Haben Sie die Sprechströme geprüft?
9. Haben Sie die Frequenz geprüft?
10. Haben Sie die Schallwellen geprüft?

DRILL 2   Passive: *man*

Beispiel: Werden hier Kohleteilchen   *Antwort:* Ja, man verwendet sie hier.
verwendet?

Now begin:
1. Werden hier Kohleteilchen verwendet?   7. Werden hier hohe Frequenzen verwendet?
2. Werden hier Elektroden verwendet?   8. Wird dafür der Nocken gebraucht?
3. Wird dazu ein Widerstand gebraucht?   9. Wird damit der Apparat repariert?
4. Werden dort Schallwellen erzeugt?   10. Wird dadurch der Wählkontakt betätigt?
5. Wird hier die Magnetspule angeschlossen?   11. Werden hier Kohleteilchen verwendet?
6. Werden jetzt die Mikrofone eingeschaltet?

DRILL 3   *weder . . . noch:* 'neither . . . nor'

Beispiel: Was ist repariert?   *Antwort:* Ich habe weder die Magnetspule
Die Magnetspule oder das Mikrofon?   noch das Mikrofon repariert.

Now begin:
1. Was ist repariert? Die Magnetspule oder das Mikrofon?
2. Was ist repariert? Das Mikrofon oder die Hörkapsel?
3. Was ist repariert? Die Hörkapsel oder die Wählscheibe?
4. Was ist repariert? Der Widerstand oder der Draht?
5. Was ist geprüft? Die Elektrode oder die Amtsleitung?
6. Was ist ersetzt? Die Amtsleitung oder der Wecker?
7. Was ist erklärt? Der Wecker oder die Membrane?
8. Was ist zerrissen? Die Membrane oder der Schaltplan?

DRILL 4   Perfect passive: Revision

Beispiel: Den Widerstand haben Sie   *Antwort:* Ja, der Widerstand ist schon
angeschlossen, nicht wahr?   angeschlossen worden.

Now begin:
1. Den Widerstand haben Sie angeschlossen, nicht wahr?
2. Die Membrane haben Sie geprüft, nicht wahr?
3. Den Hörer haben Sie abgehoben, nicht wahr?
4. Den Schaltplan haben Sie beschrieben, nicht wahr?
5. Das Mikrofon haben Sie repariert, nicht wahr?
6. Die Übung haben Sie wiederholt, nicht wahr?
7. Den Brief haben Sie geschrieben, nicht wahr?
8. Den Querschnitt haben Sie gefunden, nicht wahr?
9. Die Frage haben Sie beantwortet, nicht wahr?
10. Den Strom haben Sie abgeschaltet, nicht wahr?
11. Den Widerstand haben Sie angeschlossen, nicht wahr?

DRILL 5   Imperfect passive: Revision

Beispiel: Wer erfand das Telefon?   *Antwort:* Ich weiß nicht, von wem das
                                               Telefon erfunden wurde.
Now begin:
1. Wer erfand das Telefon?   2. Wer hängte das Schaubild auf?

3. Wer verursachte den Kurzschluß?   8. Wer verlor die Zange?
4. Wer zog den Stecker heraus?   9. Wer benützte den Hammer?
5. Wer führte den Auftrag aus?   10. Wer widerholte das Experiment?
6. Wer hob den Hörer ab?   11. Wer vergaß die Glühlampe?
7. Wer fand den Schraubenzieher?

6   Two Way Interpreting Drill, Oral/Written

We are very happy//, Minister,//that you have found time//to visit our car exhibition here in London//and hope that//you will find it interesting.//

Ich möchte Ihnen zunächst einmal herzlichst dafür danken,//daß Sie mich zu dieser Ausstellung eingeladen haben.//Sie werden vielleicht wissen,//daß ich die Verantwortung//für die Entwicklung der Automobilindustrie in meinem Land trage.//Außerdem bin ich von Beruf Ingenieur//und habe als junger Mann//an der Entwicklung des luftgekühlten Motors mitgearbeitet.//

Yes, well,//most English models//still have water-cooled systems//but I am sure//that we too// have some new ideas//in which you will be interested.//

Ja, vor allem//möchte ich mir die neuen Autobusse, Lastwagen und Sportwagen ansehen.//

Here you see our latest sports car.//$3\frac{1}{2}$ litre,//two seater.//We have developed a new carburettor.//

Das ist ein großer Fortschritt; es war aber auch Zeit.//Ist der Benzinverbrauch//jetzt gesunken?//

I see//that you are indeed well informed,//Minister!//Yes. This model's petrol consumption//is about 15% better now.//

Ja, sehr schön// – auch die Form wurde verbessert, wie ich sehe.//Ich denke,//Sie haben damit ein wirklich konkurrenzfähiges Modell.//Vor allem Chrom//und Lack (finish) der englischen Wagen// haben bei uns einen sehr guten Ruf.//Und hier die neuesten Autobusmodelle.//

These buses are used for long journeys.//Very good for the motorway.//

Wie ich sehe!//Sogar ein eingebauter Waschraum// – sehr praktisch.//Sind sie aber nicht zu lang?//Haben sie nicht einen zu großen Wendekreis?//

The turning circle is smaller//than you would think// – hydraulic steering system of course.//

Na schön,// – und diese riesigen LKWs hier//: -Was haben sie wohl für eine Tragfähigkeit?//Sind wohl auch für die Autobahn gedacht, wie?//

Yes, that's quite right.//They can carry 12 tons of coal.//

Ja, die können wir gebrauchen.//Würden Sie bitte//meinem Sekretär Einzelheiten über Preise,// Lieferung, und so weiter, mitteilen!//Und jetzt wird's Zeit zu gehen. Ich habe nämlich eine Verabredung zum Mittagessen.// Herzlichen Dank für die Führung.//

7   Oral/Written Translation/Dictation

Vor zwei Tagen//ist mein Telefon kaputtgegangen.//Ich habe es dummerweise auf den Fußboden fallen lassen,//und die Hörkapsel//ist dabei zerbrochen worden.//Ohne ein Telefon leben zu müssen,//ist wirklich sehr lästig//und kostet mich auch viel Geld.//Meine Kunden// können mich nicht anrufen,//wenn sie etwas bestellen wollen//oder auf technische Fragen eine schnelle Antwort suchen.//Ich brauchte mir aber keine Sorgen zu machen,//denn innerhalb von 24 Stunden//schickte die Post einen Ingenieur,//der eine neue Hörkapsel gebracht//und montiert hat.//

Eigentlich ein netter Kerl.//Ich habe ihm eine Tasse Kaffee gemacht,//und er hat mir genau erklärt,//wie das Telefon funktioniert.//Ich nickte immer mit dem Kopf,//aber ich habe kaum ein Wort verstanden.//Er sprach von Schwingungen//und Kohleteilchen,//Gabelkontakten und Elektroden.//Ich hätte wirklich nicht gedacht,//daß es so kompliziert ist.//Hoffentlich//hat er nicht gemerkt,//daß ich davon keine Ahnung habe.//

8   Oral/Written Translation

My secretary//had lost my travel documents// – my passport,//tickets for the car ferry//and cabin,//and everything!//I was very annoyed//about this new difficulty,//you can't possibly lose important papers!//We looked everywhere,//in her office,//in the files,//in my office// – do you know//where we found them in the end?// – In my briefcase.//I'd put them there the day before.// Now I have a problem.//I need a new secretary.//She said she wouldn't work for me//if I paid her DM 2 000 a month.//A real pity,//because she was a good secretary.//I said I was sorry, too!//

Grammar   ***Passive (3)***

The basic facts concerning the German passive were dealt with in the grammar notes to Unit 8 and 9.
It only remains to point out that the instrument 'by means of which' something is done is expressed by ***durch***:

Durch *das Sprechen werden Luftdruckschwankungen erzeugt.*

(Air-pressure oscillations are produced by (means of) speaking.)

Der Stromkreis wird ***durch*** *den Gabelkontakt geschlossen.*

(The circuit is closed by means of the fork contact.)

Dialog   *Wissen Sie, was ASTA bedeutet?*

Student   Verzeihung, wissen Sie, was A-S-T-A bedeutet?

Dr. Schmidt   Wie bitte? Ach so, ASTA. Das ist die Abkürzung für 'Allgemeiner Studenten – Ausschuß'. Der ASTA vertritt alle Studenten in der Universität und in der Öffentlichkeit. Er wird jährlich oder halbjährlich gewählt. Es gibt in der ASTA bestimmte 'Referate' für Soziales, Ausland, Kultur, Presse, Sport, Mensa.

Student   Mensa – das ist schon wieder ein unbekanntes Wort für mich.

Dr. Schmidt   Die Mensa ist das Studentenrestaurant, das Sie an jeder Hochschule finden. Normalerweise ist das Essen dort billiger als in einer Gaststätte – es kostet ungefähr 90 Pfennig und 1 Mark 50. Aber Sie können sich denken, daß es kein Luxusrestaurant ist. Viele Studenten schimpfen darüber, über Selbstbedienung, Schlangestehen, Essensmarken. Trotzdem – eine segensreiche Einrichtung.

Student   Überhaupt die Preise in Deutschland. Vieles kommt einem ziemlich teuer vor am Anfang.

Dr. Schmidt   Na ja, grob geschätzt, müssen Sie schon mit mindestens 450 Mark pro Monat rechnen. Davon 100 bis 150 Mark für Ihre 'Bude'. Genaue Angaben lassen sich im einzelnen schwer machen. Auf jeden Fall leben Sie im Studentenheim billiger als im möblierten Zimmer. . . .

Student   Und in einer kleinen Universitätsstadt wie Marburg sicher billiger als in einer Großstadt wie Frankfurt. Übrigens Frankfurt: Da ist doch eine Technische Hochschule?

Dr. Schmidt   Eine TH? Nein. Die nächste ist meines Wissens in Darmstadt. Warum fragen Sie?

Student   Nur so. Ich studiere nämlich im 1. Semester Chemie. Sind eigentlich die naturwissenschaftlichen Lehrpläne überall gleich?

Dr. Schmidt   Mehr oder weniger. Sie wissen sicher, was Sie erwartet: Man fängt im 1. Semester mit Experimental-Chemie, Experimental-Physik, Physikalischer Chemie, Qualitativer Analyse, Mathematik, usw.an. Ab 3. Semester kommt Spezielle Anorganische Chemie dazu, und ab 5. Semester Organische Chemie, Chemische Technologie und verschiedene Spezialvorlesungen. Dazu selbstverständlich Praktika und die Diplomarbeit.

Student   Da gibt es wohl kaum Unterschiede zwischen den einzelnen Universitäten?

Dr. Schmidt   Sie haben recht. Auch an Uni und TH unterscheiden sich die Studien verhältnismäßig wenig. Einige TH's haben allerdings besondere Schwerpunkte: In Aachen und Karlsruhe betreibt man Brennstoffchemie, in Darmstadt Zellulosechemie, in Berlin angewandte Photochemie, in Hannover Erdölchemie, in Stuttgart Metallkunde und Metallurgie. Ich möchte Sie nicht langweilen, aber . . .

Student   Nein, nein, durchaus nicht. Jetzt habe ich ungefähr eine Vorstellung. Sind Sie selbst Chemiker?

Dr. Schmidt   Halb Chemiker, halb Maschinenbauer. Ich bin Verfahrensingenieur. Ein ziemlich neues Gebiet, äußerst zukunftsträchtig. Wir trennen, vereinigen, zerkleinern, destillieren, rektifizieren, mischen, filtern, extrahieren und absorbieren wie die 'normalen' Chemiker. . . .

Student   Aber alles im Hinblick auf industrielle Verwendung, nehme ich an.

Dr. Schmidt Ja, wir machen etwa Werkstoffe zur Auskleidung von chemischen Apparaten, wir bauen Hochdruckkompressoren, wir beschäftigen uns mit Simulation von Stoff- und Wärmeaustausch in chemischen Reaktoren, Druck- und Durch-flußmessungen bei flüssigen Metallen – das sind einige spezielle Probleme. – Aber entschuldigen Sie mich jetzt bitte. Ich habe eine Verabredung.

Student   Oh, hoffentlich habe ich Sie nicht zu lange aufgehalten. Vielen Dank jedenfalls für die freundliche Auskunft. Ich gehe jetzt in die Mensa.

Dr. Schmidt Nichts zu danken. Vielleicht sehen wir uns mal wieder.

Student   Ja, gut, das wäre fein. Sicher in der Mensa.

Vocabulary

ab dritten Semester *from the 3rd semester onwards*
Abkürzung(en)(die) *abbreviation*
allerdings *though; it's true*
allgemein *general*
Allgemeiner Ausschuss *General Council*
anwenden(sep), -, wandte an, hat angewandt *to apply; employ, use*

Angabe(n) *statement; (pl.) particulars*
angewandte Chemie *applied chemistry*
annehmen(sep), nimmt an, nahm an, hat ange-nommen *to accept; to assume, suppose, presume*
aufhalten(sep), hält auf, hielt auf, hat aufgehalten *to detain, delay, hold up*
Auskleidung(en)(die) *coating*

Auskunft(¨e)(die) *information*
äußerst *extremely*
äußerst zukunftsträchtig *with an immense future*
bedeuten *to mean*
sich beschäftigen mit *to occupy oneself with, spend one's time on*
besonder *special, particular*
bestimmt *definite(ly); specific*
betreiben(insep), -, betrieb, hat betrieben *to pursue (studies); go in for*
billig *cheap*
Brennstoff(e)(der) *fuel*
Bude(n)(die) *(student's) room, 'digs', 'pad'*
dazu *in addition*
sich denken *to imagine*
Druck(¨e)(der) *pressure*
Durchflußmessung(en)(die) *flow measurement*
durchaus nicht *not at all, not in the least*
Einrichtung(en)(die) *arrangement; institution; contrivance, fitting*
einzeln *individual*
im einzelnen *in detail*
Erdöl(das) *petroleum*
erwarten(insep) *to await; expect*
Essensmarke(n)(die) *meal ticket*
extrahieren *to extract*
auf jeden Fall *in any case*
flüssig *liquid*
Gaststätte(n)(die) *restaurant*
Gebiet(e)(das) *field (of study); area, region*
gleich *similar; equal*
grob *coarse, rough*
grob geschätzt *at a rough estimate*
im Hinblick auf(+acc.) *with regard to*
Hochschule(n)(die) *university (specializing in a particular discipline or group of disciplines)*
jedenfalls *anyway*
langweilen *to bore*
Lehrplan(¨e)(der) *curriculum*
Maschinenbauer(-)(der) *mechanical engineer*
Mensa(die) *students' restaurant, refectory*
Metallkunde(die) *science of metals*
mindestens *at least (used with numbers)*
mischen *to mix; blend*
möbliert *furnished*
nämlich *you see*
naturwissenschaftlich *scientific*
normalerweise *normally*
nur so *for no particular reason, I only wondered*

Öffentlichkeit(die) *public*
Praktikum (pl. Praktika)(das) *practical*
pro Monat *per month*
rechnen mit *to reckon on*
Referat(e)(das) *lecture, report; committee*
schätzen *to estimate; value (see 'grob')*
schimpfen *to grouse; curse and swear; 'carry on'*
Schwerpunkt(e)(der) *centre of gravity; speciality, strong point*
Segen(-)(der) *blessing*
segensreich *beneficial, salutary*
Selbstbedienung(die) *self-service*
selbstverständlich *of course*
Stoff(e)(der) *material, substance*
Studentenheim(e)(das) *students' hostel*
trotzdem *nevertheless, all the same*
überall *everywhere*
überhaupt *in general*
übrigens *by the way*
(un)bekannt *(un)known, (un)familiar*
ungefähr *approximately, roughly*
Uni(s)(die) *(short for Universität)*
sich unterscheiden(insep), -, unterschied sich, hat sich unterschieden *to differ, be different*
Unterschied(e)(der) *difference*
Verabredung(en)(die) *appointment*
vereinigen(insep) *to unite, combine*
Verfahrensingenieur(e)(der) *process engineer*
Verhältnis(se)(das) *relation, relationship*
verhältnismäßig *relative(ly)*
verschieden *different; various*
vertreten(insep), vertritt, vertrat, hat vertreten *to represent*
Verwendung(en)(die) *application, use*
vorkommen(sep), -, kam vor, ist vorgekommen (+dat.) *to seem (to)*
es kommt mir teuer vor *it seems expensive to me*
Vorlesung(en)(die) *lecture*
Vorstellung(en)(die) *idea, mental picture, conception*
wählen *to choose; elect*
Wärmeaustausch(der) *heat exchange*
Werkstoff(e)(der) *substance, material*
meines Wissens *to my knowledge*
wohl *I suppose*
zerkleinern *to pulverize*
Zukunft(die) *future*
zukunftsträchtig *of great potential (see 'äußerst')*
zwischen *between*

Fragen

A

1. Was bedeutet ASTA?
2. Wen vertritt der ASTA?
3. Was ist die Mensa?
4. Wie unterscheidet sich eine Mensa von einer Gaststätte?
5. Was muß man vorher kaufen, um dort zu essen?
6. Wie kommen einem Engländer die deutschen Preise vor?
7. Wieviel Geld braucht man mindestens im Monat?
8. Wo kann man als Student billig wohnen?
9. Was bedeutet TH?
10. Wie lautet die Abkürzung für Universität?
11. Sind die Lehrpläne an Uni und TH sehr verschieden?
12. Was studiert ein Chemiker im 1. Semester sonst noch?
13. Wann fängt er an, sich zu spezialisieren?
14. Welchen Beruf hat Dr. Schmidt?
15. Was macht ein Verfahrensingenieur?

B   Write two or three sentences in answer to each of the following:

16. Was für eine 'Bude' würden Sie sich aussuchen, wenn Sie auf eine deutsche Universität gingen?
17. Warum sind die Preise in Deutschland höher als in England?
18. Wie sieht Ihr Studienplan aus?
19. Warum braucht man den ASTA an einer Universität?
20. Beschreiben Sie Ihren künftigen Beruf!

Drills

DRILL 1   Adverbs: Comparative

Beispiel: Universität – TH

Now begin:

Antwort: Die Universität gefällt mir gut, aber die TH gefällt mir besser.

1. Universität – TH
2. Mensa – Gasthaus
3. Bude – Studentenheim
4. Organische Chemie – Anorganische Chemie
5. Photochemie – Erdölchemie
6. Filtern – Destillieren
7. Rektifizieren – Extrahieren
8. Maschinenbau – Mathematik

DRILL 2

Beispiel: Brennstoffchemie

Now begin:

Antwort: Er hat ziemlich ausführlich über Brennstoffchemie gesprochen.

1. Brennstoffchemie
2. Physikalische Chemie
3. Technische Hochschulen
4. Hochdruck- Kompressoren
5. Stoff- und Wärmeaustausch
6. Metalikunde und Metallurgie
7. Chemische Technologie
8. Durchflußmessungen
9. Verfahrensingenieure
10. Anorganische Chemie

DRILL 3   Adverbs: Superlative

Beispiel: Ist das Essen in der Mensa billig?   *Antwort:* Ja, in der Mensa sogar am billigsten.

Now begin:

1. Ist das Essen in der Mensa billig?
2. Sind die Buden in München teuer?
3. Sind die Preise in der Großstadt hoch?
4. Dauert das Studium in Karlsruhe lang?
5. Ist das Filtern im Dunkeln schwierig?
6. Sind die Artikel in dieser Zeitschrift interessant?
7. Sind die Werkstoffe von dieser Firma brauchbar?
8. Beginnt man mit der Experimentalphysik früh?
9. Ist der Apparat zur Druckmessung geeignet?

DRILL 4   Adverb + Adjective

Beispiel: die völlig freie Wahl   *Antwort:* Ist die Wahl völlig frei?

Now begin:

1. die völlig freie Wahl
2. das überraschend gute Ergebnis
3. der ungewöhnlich schlechte Durchschnitt
4. das unnötig komplizierte Verfahren
5. das neuartig verpackte Produkt
6. die ausreichend gefilterte Substanz
7. der genügend zerkleinerte Stoff
8. das schwer zu reinigende Salz
9. die schnell abnehmende Spannung
10. der leicht bedienbare Reaktor

5   Written Exercise

Beschreiben Sie, wie das Telefon funktioniert!

6   Oral/Written Dictation/Translation

Die deutschen Hochschulen//unterscheiden sich anscheinend stark von den englischen.//Zu Hause in England//habe ich in einem Studentenheim gewohnt.//Ich brauchte nicht zu kochen,//oder meine Bude zu putzen.//Hier in Aachen aber//scheinen die meisten Studenten//ebenso wie ich//in der Mensa zu essen,//wo das Essen nicht besonders gut ist.//Ich habe endlich eine Bude gefunden,//aber ich muß//eine halbe Stunde mit der Straßenbahn zur Universität fahren.//Ich möchte ein ganzes Jahr//in Aachen bleiben,//wo ich Verfahrenstechnik studiere//– das sind also insgesamt zwei Semester.//Beim ASTA der TH gibt es eine Stelle für Ausländer,//das Auslandsamt.//Die Leute dort haben mir geholfen,//ein Zimmer zu finden.//Man wird mir auch helfen,//Arbeit zu finden,//wenn ich Geld brauche.//

7   Oral/Written Translation

There we were//sitting in the lecture room.//Our lecturer was late.//Suddenly a lecturer came in,//whom we didn't know,//hung something on the blackboard// – I think it was an electricity plan// – and started//to talk about telephones.//Well, we didn't say anything,//but we didn't understand much//because we were expecting our German lecturer,//who arrived ten minutes later.// By then//the first lecturer had described//how the receiver works.//He was annoyed//that we hadn't told him//he was in the wrong room.//

Grammar   *Adverbs*

1.   Practically any adjective can be used as an adverb. Adverbs are invariable, i.e. they do not take endings as adjectives do:

Adjective: *ein schnell**er** Zug*
Adverb: *Der Zug fährt **schnell**.*
             *Das ist ja ein **recht** wichtiges Wort.*   That's a *really* important word
             *Die Studenten können **völlig frei** wählen* (both adverbs).   The students can choose
                 completely freely

2.   Adverbs are put into comparative and superlative as follows:

    a.   *schnell*   *schneller*   *am schnellsten*
    b.   *interessant*   *interessanter*   *am interessantesten*
    c.   *lang*   *länger*   *am längsten*

The following remarks hold good also for adjectives (see Unit 10):

    (i)   superlative adds *-st-*, unless *-est-* is required for ease of pronunciation (see *b.* above);
    (ii) one-syllable adverbs with ***a***, ***o*** or ***u*** as their vowel add *Umlaut* in comparative and superlative, see *c.* above. This does not apply to words whose vowel is ***au***, e.g. *laut, lauter, am lautesten.*

3.   A few adverbs have irregular comparative and superlative:

    gern   ***lieber***   ***am liebsten***
    gut   ***besser***   ***am besten***
    viel   ***mehr***   ***am meisten***
    bald   ***eher***   ***am ehesten***

4.   A sentence may often contain more than one adverb or adverbial phrase. In this case, adverbs of *time* precede adverbs of *manner*, and these in turn precede adverbs of *place*. So the formula is:

	TIME	MANNER	PLACE
Robert geht	*morgens*	*gern*	*dorthin*

Robert likes to go there in the mornings

	TIME	MANNER	PLACE	
Er möchte	*nächstes Jahr*	*am liebsten*	*ins Ausland*	*reisen*

He would like best of all to go abroad next year.

5.   Superlatives, sometimes in their simple form, and sometimes with addition of ***-ens***, are occasionally used adverbially in special meanings:

    äußerst ⎫
    höchst ⎬   extremely
    möglichst   if possible, as . . . as possible
    *spätest**ens***   at the latest
    *höchst**ens***   at the most
    *mindest**ens***   at least
    *meist**ens***   mostly

Dialog   *Eine ziemlich unangenehme Reklamation*

Es war ein ganz normaler Montagmorgen, halb neun Uhr, als Herr Müller, Prokurist einer
Stahlfirma im Ruhrgebiet, in sein Büro kam und sich seufzend an seinen Schreibtisch setzte.

Müller   Ah, wieder ein grauer Montag. Tja, an die Arbeit. Wer ist denn das schon. . . .
                  Aha, Fräulein Dietrich.
Dietrich   Guten Morgen, Herr Müller.
Müller   Morgen, Fräulein Dietrich. Wie geht's? Schönes Wochenende gehabt?
Dietrich   Ja, vielen Dank. Ich war bei meinem Verlobten in Essen am Sonntag.
Müller   Wie schön, da haben Sie sich sicher gut erholt. – Gibt's sonst irgendetwas Neues?
Dietrich   Das übliche. Die Post liegt auf Ihrem Schreibtisch, wie immer.
Müller   Oho, ein ganzer Stoß. Scheint aber nichts Besonderes dabei zu sein. Da kann
                  ich ja gleich. . . .
Dietrich   Übrigens, Herr Müller, da fällt mir gerade etwas ein; Herr Würzberg hat heute
                  früh angerufen, kurz bevor Sie kamen.
Müller   So? Würzberg von Baumann & Co., Apparatebau? Was wollte er?
Dietrich   Leider war er etwas ärgerlich. Er sagte, es handle sich um schwere Mängel bei
                  unserer letzten Lieferung.
Müller   Eine Reklamation also. Das hat mir gerade noch gefehlt. Nicht sehr erfreulich
                  am Montagmorgen.
Dietrich   Er beschwerte sich, daß erstens unser Transport nicht, wie vereinbart, am 17. 2.
                  eingetroffen sei. . . .
Müller   Moment mal, Fräulein Dietrich. Sie überschätzen mein Gedächtnis. Was für
                  ein Transport war denn das überhaupt?
Dietrich   Ich hab' es mir irgendwo notiert. Hier: Es handle sich um einen Posten
                  Stahlbleche, nichtrostend, säurebeständig, Stahl Typ U 7FX Extra, Dicke 10
                  mm, Größe 700 × 2000 mm. Bestellt worden seien sie am 21. Januar.
Müller   Ja, ja, ich erinnere mich jetzt ganz deutlich. Ist gar nicht so lang her. Und was
                  ist nach Würzbergs Meinung nicht in Ordnung?
Dietrich   Herr Würzberg meinte, erstens seien die Bleche schlecht zugeschnitten. Zweitens
                  seien an verschiedenen Stellen schon Rostspuren sichtbar.
Müller   Korrosion nach ein paar Wochen bei normaler Handelsware. Das klingt ja recht
                  düster. Materialfehler? Oder sollte dem Versand ein Irrtum unterlaufen sein?
                  Ja, sonst noch was?
Dietrich   Ja, er wurde zum Schluß ziemlich wütend und fügte hinzu, es sei ein Skandal
                  und er wundere sich, daß wir den großen Auftrag für Russland bekommen
                  hätten. Außerdem fragte er, ob er mit Ihnen persönlich sprechen könne.
                  Möglichst bald.
Müller   Ja, natürlich. Haben Sie einen Termin mit ihm vereinbart?
Dietrich   Ich habe mir gedacht: Dienstagmittag nach der Besprechung mit den
                  Abteilungsleitern wäre vielleicht ganz günstig.
Müller   Na ja, wenn's sein muß. Gut.

Dietrich   Er wird auf jeden Fall noch mal anrufen, ob's Ihnen paßt.

Müller   Also schön. Sagen Sie ihm, ich sei bereit, ihn zu sprechen. Morgen mittag. Und, Fräulein Dietrich: suchen Sie mir doch bitte die Korrespondenz mit Baumann & Co. heraus.

Dietrich   Nur die über die Bleche? Oder auch über die vorigen Aufträge?

Müller   Ach, bringen Sie mir ruhig beide.

Dietrich   Sofort, Herr Müller.

Vocabulary

Abteilung(en)(die) *department*

Abteilungsleiter(-)(der) *departmental manager*

anrufen(sep), -, rief an, hat angerufen *to ring up*

Apparatebau(der) *instrument manufacture*

ärgerlich *annoyed; annoying*

Auftrag(¨e)(der) *order*

außerdem *moreover; in addition; as well*

sich beschweren(insep) *to complain*

Besprechung(en)(die) *discussion; conference*

bestellen(insep) *to (place an) order*

dabei *among it*

denken, -, dachte, hat gedacht *to think*

deutlich *clear(ly); distinct(ly)*

Dicke(die) *thickness*

düster *gloomy; dismal, grim*

einfallen(sep), fällt ein, fiel ein, ist eingefallen (+dat.) *to occur to*

es fällt mir ein *it occurs to me*

eintreffen(sep), trifft ein, traf ein, ist eingetroffen *to arrive*

erfreulich *cheering, gratifying, pleasing*

sich erholen(insep) *to recuperate, rest, have a change*

da haben Sie sich sicher gut erholt *that must have made a nice change for you*

erstens *firstly*

auf jeden Fall *in any case*

fehlen *to be missing, absent, lacking*

das hat mir gerade noch gefehlt! *that's all I needed!*

Fehler(-)(der) *mistake; fault, flaw*

Gedächtnis(das) *memory*

Größe(n)(die) *size*

grau *grey*

günstig *favourable; convenient*

irgendetwas Neues *anything new*

irgendwo *somewhere (or other)*

Irrtum(¨er)(der) *error*

Handelsware(n)(die) *commodity, merchandise*

heraussuchen(sep) *to seek out, look out*

hinzufügen(sep) *to add*

klingen, -, klang, hat geklungen *to sound*

so lang(e) her *so long ago*

leider *unfortunately*

Lieferung(en)(die) *delivery*

Mangel(¨)(der) *lack, shortage; shortcoming, defect*

meinen *to say; think; mean*

Meinung(en)(die) *opinion*

nach seiner Meinung *in his opinion*

Moment mal! *just a moment!*

möglichst bald *as soon as possible*

nichtrostend *non-rusting*

noch mal(=noch einmal) *once more*

ob *whether*

passen(+dat.) *to suit, be suitable*

ob's(=es) Ihnen paßt *(to see) whether it suits you*

Posten(-)(der) *item; load, lot, batch*

Prokurist (adds -en throughout sing. and pl.) (der) *company secretary*

Reklamation(en)(die) *(business or official) complaint*

Rost(der) *rust*

Rostspur(en)(die) *trace of rust*

ruhig *calm, quiet*

bringen Sie ruhig . . . *you might as well bring . . .*

Ruhrgebiet(das) *Ruhr District*

Säure(n)(die) *acid*

säurebeständig *acid-resistant, -proof*

scheinen, -, schien, hat geschienen *to seem; shine*

schlecht *bad(ly)*

zum Schluß *finally*

seufzend (*pres. participle of* seufzen *to sigh*)

sichtbar *visible*

sofort *immediately, straight away*

sonst *otherwise, else*

sonst noch (et)was? *something else?*

Stahl(der) *steel*

Stahlblech(e)(das) *steel plate*

Stelle(n)(die) *place, spot*

Stoß(¨e)(der) *pile, heap; jolt, knock*

tja   *oh well . . .*
überhaupt   *in general; anyway*
was war das überhaupt?   *what was that, anyway?*
überschätzen(insep)   *to over-estimate*
üblich   *usual*
übrigens   *by the way, incidentally*
(un)angenehm   *(un)pleasant*
unterlaufen(insep), unterläuft, unterlief, ist
   unterlaufen   *to creep in (of mistakes)*
Sollte dem Versand ein Irrtum unterlaufen sein?
   Could dispatch possibly have slipped up?

vereinbaren(insep)   *to agree, arrange*
wie vereinbart   *as agreed*
sich verloben(insep)   *to get engaged*
Verlobte(der *or* die)   *fiancé(e) (adj. used as noun,
   therefore* mein Verlobter   *my fiancé)*
Versand(der)   *dispatch(department)*
vorig   *previous; last*
sich wundern   *to be surprised*
wütend   *furious*
zuschneiden(sep), -, schnitt zu, hat zugeschnitten
   to cut to size

Fragen

A

1. Was ist Herr Müller von Beruf?
2. Wann kam er ins Büro?
3. Wie ging es ihm?
4. Wohin legte Fräulein Dietrich immer die Post?
5. Was fiel ihr ein?
6. Weswegen hatte Herr Würzberg telefoniert?
7. Erinnerte sich Herr Müller sofort daran?
8. Worüber hatte sich Herr Würzberg beschwert?
9. War Herr Würzberg zum Schluß ruhiger geworden?
10. Worüber hatte sich Herr Würzberg gewundert?
11. Wann hatte er mit Herrn Müller persönlich sprechen wollen?
12. Wann treffen sich die Herren Müller und Würzberg?
13. Warum wird Herr Würzberg noch einmal anrufen?
14. Welche Korrespondenz sollte Fräulein Dietrich heraussuchen?
15. Meinte Herr Müller nur die Korrespondenz über die Bleche?

B   Write two or three sentences in answer to each of the following:

16. Erklären Sie Herrn Müllers Ausdruck. 'Wieder ein grauer Montag!'
17. Welche Aufgaben hat ein Prokurist?
18. Warum braucht ein Geschäftsmann eine gute Sekretärin?
19. Was wissen Sie über das Ruhrgebiet?
20. Denken Sie sich ein kurzes Gespräch – in indirekter Rede – zwischen Herrn Müller und
    Herrn Würzberg aus!

Drills

DRILL 1   Reported speech

Beispiel: über den neuen Termin

Now begin:
1. über den neuen Termin
2. über den langsamen Versand

Antwort: Herr Würzberg schreibt, er wolle
über den neuen Termin sprechen.

3. über den gestrigen Anruf
4. über das nächste Wochenende

5. über die alte Beschwerde
6. über die teure Lieferung
7. über das rostige Blech

8. über die verschiedenen Materialfehler
9. über den ärgerlichen Vorfall
10. über die morgige Konferenz

DRILL 2   *'In my opinion . . .'*

Beispiel: Er sagt, Fräulein Dietrich komme zu spät.

Antwort: Meiner Meinung nach kommt Fräulein Dietrich zu spät.

Now begin:
1. Er sagt, Fräulein Dietrich komme zu spät.
2. Er sagt, es gebe nichts Neues.
3. Er sagt, die Post liege auf dem Schreibtisch.
4. Er sagt, Essen sei eine häßliche Stadt.
5. Er sagt, Würzberg rufe nicht mehr an.

6. Er sagt, die Bleche seien zu teuer.
7. Er sagt, Würzberg habe gar nicht zugehört.
8. Er sagt, das sei gar nicht so schlimm.
9. Er sagt, der Brief sei unwichtig.
10. Er sagt, die Kaffeepause sei unnötig.

DRILL 3   Reported speech

Beispiel: Er hat sich beschwert.
Was haben Sie gehört?

Antwort: Ich habe gehört, er habe sich beschwert.

Now begin:
1. Er hat sich beschwert.
2. Das Blech ist rostig gewesen.
3. Der Transport ist nicht eingetroffen.
4. Fräulein Dietrich hat keine Zeit gehabt.
5. Herr Koch ist nach Essen gefahren.

6. Es ist nichts passiert.
7. Er hat kein Hotelzimmer bekommen.
8. Mein Brief ist erst gestern angekommen.
9. Der Kunde hatte keine Zeit gehabt.
10. Es ist alles in Ordnung gewesen.

DRILL 4   Reported speech

Beispiel: Das Radio ist kaputt.
Was sagt er?

Antwort: Er sagt, das Radio sei kaputt.

Now begin:
1. Das Radio ist kaputt.
2. Es gibt nichts Neues.
3. Eine Reklamation ist nutzlos.
4. Er braucht die ganze Korrespondenz.
5. Ich störe ihn bei der Arbeit.

6. Ich komme gerade rechtzeitig.
7. Er muß kurz telefonieren.
8. Er wird mit dem Versand sprechen.
9. Fräulein Dietrich hat einen Verlobten.
10. Ihm fällt nichts ein.

DRILL 5   *'I should like to . . .'*

Beispiel: Gehen Sie zum Essen?

Antwort: Ich würde gerne zum Essen gehen, wenn ich Zeit hätte.

Now begin:
1. Gehen Sie zum Essen?
2. Fahren Sie nach Düsseldorf?
3. Erzählen Sie mir darüber?
4. Trinken Sie eine Tasse Kaffee?
5. Nehmen Sie Fräulein Dietrich im Wagen mit?

6. Sprechen Sie mit Herrn Müller persönlich?
7. Lesen Sie die Briefe?
8. Rufen Sie Herrn Würzberg an?
9. Tippen Sie die Antwort selbst?
10. Sehen Sie im Kalender nach?

DRILL 6   *'You didn't even . . .!'—'I ought to have . . .'*

Beispiel: Sie haben ja nicht einmal angerufen!   *Antwort:* Sie haben recht. Ich hätte anrufen sollen.

Now begin:
1. Sie haben ja nicht einmal angerufen!
2. Sie haben ja nicht einmal nachgezählt!
3. Sie haben ja nicht einmal zugehört!
4. Sie haben ja den Brief nicht einmal gelesen!
5. Sie haben die Bleche ja nicht einmal untersucht!
6. Sie haben den Chef ja nicht einmal gesprochen!
7. Sie haben ja nicht einmal meine Frau gegrüßt!
8. Sie haben die Beschwerde ja nicht einmal beantwortet!

9. Sie haben ja nicht einmal geschrieben!
10. Sie haben ja nicht einmal gesucht!

DRILL 7   *'It looks as if it were . . .'*

Beispiel: Es ist zu spät. Wissen Sie das genau?   *Antwort:* Na ja, es sieht so aus, als ob es zu spät wäre.

Now begin:
1. Es ist zu spät.
2. Wir haben nichts zu tun.
3. Er hört nicht.
4. Es kommt nicht darauf an.
5. Es ist alles klar.

6. Er ist damit einverstanden.
7. Er weiß nichts davon.
8. Er erinnert sich daran.
9. Es ist alles in Ordnung.
10. Er kennt den Brief.

8   Oral/Written Translation/Dictation

Dieser verfluchte Müller.//Schon wieder eine Beschwerde//über seine Arbeit.//Das war ein schwarzer Tag,//an dem er Verkaufsdirektor wurde.//Sehen Sie hier,//es ist ja einfach hoffnungslos.//Tünnes & Mauser schreiben,//daß die extrastarken Stahlbleche,//die sie bestellt hatten,//noch nicht geliefert worden seien.//Wenn das nicht schon genug wäre!//Im gleichen Brief//erinnern sie mich an den Fehler,//den Müller vor sechs Monaten gemacht hat.//Er hat ihnen nämlich Gußeisen statt Stahl geschickt//– hat uns 60 000 Mark Schadenersatz gekostet!//Müller hat mir damals versprochen,//er werde in Zukunft besser aufpassen,//und ich habe ihm gesagt,//daß er da nächste Mal//aus der Firma hinausfliege!//Auch wenn er Direktorssohn ist!//Er *fliegt* auch hinaus!//Ich werde seinem Vater sagen,//die Firma könne sich seinen Sohn einfach nicht mehr leisten!//

9   Two-way Interpreting Drill
Ein Rundgang durch die Universität.

Ich finde es eigentlich großartig,//daß zwischen den modernen Bauten//der Universitätsbibliothek//und dem Studentenhaus//noch diese herrlichen alten Bäume erhalten sind.//

Yes, it's a pleasant picture;//the problem is//that the library//and the students' Union//are really too small//and there isn't room//to enlarge them.//

Übrigens,//mir wurde gesagt,//daß die meisten Studenten//in Studentenheimen wohnen.//Wo sind denn die Heime?//In der Stadt?//

Oh no,//the student hostels are round the corner,//two minutes from here.//You must see them;//here – //

Meine Güte!//Das ist ja ein ganzes Dorf;//hier ist ja alles vorhanden,//sogar eine Bank und ein Café!//

Yes, it is well planned.//In fact we call it the student village.//Big blocks//are rather impersonal.//These little houses//look like a real village.//

Ja, sehr praktisch.//Zwei Minuten zu Fuß,//dann sind die Studenten schon in den Labors// und Hörsälen.//Aber wo ist die Mensa?//

Our students eat in their student hall.//They don't need//to go on buses or trams;//they don't need to cook,//so that they have more time for work// – theoretically!//

Ach so, ich dachte eben,//dort oben im Studentencafé//gibt es sicherlich nicht genug Plätze// für 2 000 Studenten.//Und jetzt möchte ich//die Labors und Werkstätten sehen.//Ich interessiere mich insbesondere//für die Verfahrenstechnik.//Mir wurde gesagt,//daß Sie hier einen neuen Mischer entwickelt haben.//

I see you are well informed.//The chemical engineering block//is that new building over there.//Six storeys.//It was only built two years ago.//

10   Written Exercise

Continue the dialogue of the previous exercise, each speaker to speak 3 times in his own language. Then write out a translation of each of the three statements, into English and German respectively.

Reading Passage   *Antwort auf einen Beschwerdebrief*

Sehr geehrter Herr Müller!
 Wir bedanken uns für Ihr Schreiben vom 4.10., in dem Sie sich nach den Gründen für die Verschiebung des Liefertermins Ihres bei uns bestellten Wagens erkundigen und darum bitten, den Termin, wenn irgend möglich, vorzuverlegen. Wir kommen daher nochmals auf die schwierige Liefersituation bei dem von Ihnen gewünschten Modell zurück, die wir schon   5 in unserem Schreiben vom 2.10. kurz streifen.
Wir verstehen voll Ihre Verärgerung, daß der Ihnen am 28.7. zugesagte Liefertermin von uns nicht eingehalten werden kann. Auch wir konnten diese neue Lage nicht voraussehen, da wir Ende Juli noch mit einiger Berechtigung annehmen konnten, Sie rechtzeitig, also Anfang Oktober, zu beliefern. Die Umdispositionen in der Zwischenzeit, für die allein das Herstel-   10 lerwerk verantwortlich ist, haben dies unmöglich gemacht. Wir bedauern, Ihnen keine günstigere Nachricht zukommen lassen zu können.
Da Ihr Wagen frühestens in die Novemberfertigung kommt, können wir Ihnen heute, entgegen unseren Ausführungen vom 2.10., einen Liefertermin nicht vor Ende November zusagen. Den genauen Liefertag werden wir etwa am 25. Oktober erfahren.   15
Aufgrund der prekären Liefersituation müßten wir es leider in Kauf nehmen, wenn Sie auf den Vertrag aufkündigten. Wir würden Ihnen dabei keine Schwierigkeiten machen können.
Wir hoffen dennoch, daß Sie für diese erneute Lieferverzögerung Verständnis haben und begrüßen Sie

          mit vorzüglicher Hochachtung

Grammar   *Indirect speech*

1.   By indirect speech is meant speech or writing which is reported at a later time or by another person,

   e.g.:   A says: 'It is late.'
              B later reports: 'A said it was late.'
              A asks: 'Is it late?'
              B later reports: 'A asked whether it was late.'

2.   In German, the verb in indirect speech goes into the *Subjunctive* (cf. Unit 12):
                              'Es ist spät.'
        becomes: *'A sagte, es **sei** spät.'*
                              'Ist es spät?'
        becomes: *'A fragte, ob es spät **sei**.'*

3.   The tendency always is to use the *Present* Subjunctive, which is formed by adding certain endings to the infinitive stem:

ich	*mach*|*e*	*geb*|*e*	*fahr*|*e*	*woll*|*e*
du	*mach*|*est*	*geb*|*est*	*fahr*|*est*	*woll*|*est*
er	*mach*|*e*	*geb*|*e*	*fahr*|*e*	*woll*|*e*
wir	*mach*|*en*	*geb*|*en*	*fahr*|*en*	*woll*|*en*
ihr	*mach*|*et*	*geb*|*et*	*fahr*|*et*	*woll*|*et*
Sie, sie	*mach*|*en*	*geb*|*en*	*fahr*|*en*	*woll*|*en*

Note:

   a.   the endings are the same for all verbs, and are identical with those of imperfect subjunctive;

   b.   the one crucial exception – ***sein***:

ich	*sei*	
du	*sei*|*est*	
er	*sei*	
wir	*sei*|*en*	
ihr	*sei*|*et*	
Sie, sie	*sei*|*en*	

*Er sagt, es **handle** sich um Bleche.*
*Er beschwerte sich, daß unser Transport nicht eingetroffen **sei**.*
*Herr Würzberg meinte, erstens **seien** die Bleche schlecht zugeschnitten.*
*Er fügte hinzu, es **sei** ein Skandal und er **wundere** sich . . .*
*Außerdem fragte er, ob er mit Ihnen persönlich sprechen **könne**.*

4.   However, it will be seen from the tables in paragraph 3 that in some persons the Present Subjunctive is no different from the normal verb form: *ich mache, wir, sie machen*, etc.
In such cases, in order to make it clear that the verb is Subjunctive, the Imperfect Subjunctive is used instead (cf. tables, Unit 12):

   *. . . er wundere sich, daß wir den großen Auftrag . . . bekommen **hätten**.*
   (pres. subj. would be *haben*, which is therefore rejected)
   *Mehrere Leute fragten, wann wir die Bleche liefern **könnten**.*
   (pres. subj. *können* rejected)

Monolog   *Eine neue Stellung? Nicht ganz einfach.*

Lotte, ist eigentlich die heutige Zeitung irgendwo? Sieh doch mal bitte im Briefkasten nach!
Ah – sehr schön, vielen Dank. Die reichhaltige Wochenendausgabe. – Was gibt's Neues?
'Große Koalition – Ja oder Nein?' Keine Zeit für Politik heute. Ich muß als erstes gleich weiter
hinten aufschlagen. Umfangreicher Anzeigenteil auf Seite 17 bis 24. Bleibt mir nichts anderes
übrig. Glauben Sie mir, ich würde auch lieber die Witzseite lesen.
Ja, die Wirtschaftskrise. Die Konjunktur wird immer schwächer. Nicht so schlimm, Gott sei
Dank, wie man zuerst befürchtet hat, aber immerhin.
'Es gibt zur Zeit auf dem Weltmarkt keinen besseren Elektrorasierer als. . . .' Wenn ich das
schon lese! Genau die Branche, die uns das Leben schwer macht. Ach so, 'uns' – das ist die
Firma Asmussen & Co. Hamburg, 'Bart-ab' Rasierklingen, Sie wissen schon. Sagen Sie nicht,
das sei ein sicheres Geschäft. Wer rasiert sich heute schon noch mit Pinsel und Seife? Also nicht
so sicher, wie Sie vielleicht glauben. Aber es ist doch nirgends anders. Überall Umsatzrückgang,
Kostensteigerung, Kurzarbeit.
Aha, hier: 'Stellenangebote.'
Damals übrigens, als ich mit Müller aus Düsseldorf den Vertrag abschloß, rechneten wir noch
damit, daß der Umsatz im neuen Jahr um 35% steigen würde.
'Stellenangebote für Studenten' – die Zeiten sind vorbei. 'Diplom-Psychologe gesucht',
'Erfahrener Chefprogrammierer.' Ja, das sind Berufe mit Aufstiegsmöglichkeiten. Hab ich
doch neulich irgendwo gelesen. Da waren noch andere dabei, warten Sie: Ja, – Fachbuchhändler
oder Lichtingenieure oder Metallkleber – oder 'Meeresfarmer'. Das hab ich mir gemerkt, weil's
so komisch war. Aber 'Verkaufsleiter für Rasierklingen' finde ich nirgends. Doch, hier steht
etwas. Hm- 'Führendes Unternehmen der Herrenkosmetikbranche . . .' Klingt gar nicht so übel.
Ein bißchen Umlernen muß ja wohl sein. Und wen suchen die? '. . . Herrenkosmetikbranche
sucht erfolgsgewohnte Vertriebspersönlichkeit für neuen Markenartikel . . . nicht nur dynamisch
sondern auch erfahren . . . soll sich in allen Sparten der modernen Verkaufsförderung auskennen.'
Diese Werbetexte. Kommt natürlich immer darauf an, ob Innen- oder Außendienst. Vertreter –
ist für mich völlig ausgeschlossen. Herumreisen für Haarwasser und Zahnpasta? Unter keinen
Umständen. Wie heißt es da unten?
'Verantwortungsvolle Position . . . gute Entwicklungsmöglichkeiten . . . Gehalt der Bedeutung
angemessen . . . frühestmöglicher Termin . . .'
So schnell kann ich mich auf keinen Fall entschliessen. Und mit dem Chef möchte ich auch erst
sprechen. Direkt gekündigt hat er mir ja noch nicht. Wir sind eigentlich immer nicht schlecht
miteinander ausgekommen. Aber man kann ja nie wissen.
'Möchten Sie unser Mitarbeiter werden? . . . Bewerbung . . . handgeschriebener Lebenslauf . . .
Lichtbild . . . auf Wunsch vertraulich. . . .'
Ja, Liebling. Ach entschuldige – ja gern noch eine Tasse. Doch, doch, ausgezeichnet . . . Was ich
da hinter der Zeitung murmle?
Nichts Besonderes. Ich sehe mich bloß unter den offenen Stellen um. . . . Gehaltserhöhung und
so, weißt du. . . . ist doch schließlich für uns beide wichtig. Wie? Nein, nein, nicht sofort.
Aber du hast recht: weg damit. Schließlich ist heute Samstag.

Vocabulary

abschließen(sep), -, schloß ab, hat abgeschlossen
    to conclude (agreement, contract, etc.)
als erstes *first of all*
anders *otherwise, different*
es ist nirgends anders *it's the same everywhere*
Angebot(e)(das) *offer*
'Stellenangebote' *'Situations Vacant'*
angemessen(+dat.) *commensurate with,*
    appropriate to
der Bedeutung angemessen *according to*
    responsibility
ankommen auf(+acc.) *to depend on*
es kommt darauf an *it depends*
Anzeige(n)(die) *'small ad'*
aufschlagen(sep), schlägt auf, schlug auf, hat
    aufgeschlagen *to open (book, newspaper, etc.)*
Aufstieg(e)(der) *climb; promotion*
Ausgabe(n)(die) *edition*
ausgezeichnet *excellent*
sich auskennen(sep), -, kannte sich aus, hat sich
    ausgekannt *to be familiar, au fait (with)*
auskommen(sep), -, kam aus, ist ausgekommen
    (mit) *to get on (with), hit it off (with)*
ausschließen(sep), -, schloß aus, hat
    ausgeschlossen *to exclude*
ausgeschlossen *out of the question*
Bart(··e)(der) *beard*
Bedeutung(die) (see 'angemessen')
befürchten(insep) *to fear*
Beruf(e)(der) *profession, occupation*
Bewerbung(en)(die) *application (for job, etc.)*
bis *until, up to*
17 bis 24 *from 17 to 24*
bloß *merely*
Branche(n) (die) *line (of business)*
Briefkasten(··)(der) *letter-box; post-box*
damals *at that time*
dabei *there, present*
doch (*as a reply*) *yes (contradicting a negative, cf.*
    French 'si')
einfach *simple*
sich entschließen(insep), -, entschloß sich, hat
    sich entschlossen *to make up one's mind, decide*
Entwicklung(en)(die) *development*
erfahren(insep), erfährt, erfuhr, hat erfahren *to*
    experience
erfahren (*past participle*) *experienced*
Erfolg(e)(der) *success*
erfolgsgewohnt *used to success; successful*
Fach(··er)(das) *compartment; (academic) subject*

Fachbuch(··er)(das) *specialist book*
auf keinen Fall *on no account, under no cir-*
    cumstances
froh *glad*
führen *to lead*
Gehalt(··er)(das) *salary*
Gehaltserhöhung(en)(die) *rise in salary*
Geschäft(e)(das) *business; shop*
glauben(+dat of person) *to believe*
glauben Sie mir *believe me*
Haarwasser(das) *hair-lotion, -tonic*
Händler(-)(der) *dealer, merchant*
wie heißt es? *what does it say?*
herumreisen(sep) *to travel about*
die heutige Zeitung *today's paper*
hinten *at the back*
aber immerhin *but still*
Innen- oder Außendienst *office job or one*
    involving travelling
irgendwo *anywhere*
klingen, -, klang, hat geklungen *to sound*
komisch *funny, comical; odd, peculiar*
kündigen(+dat.) *to dismiss, sack*
Kurzarbeit(die) *short-time*
Lebenslauf(··e)(der) *curriculum vitae, career to*
    date
leider *unfortunately*
Lichtbild(er)(das) *photograph*
lieber (*comparative of* 'gern') *rather*
Liebling(e)(der) *darling*
Markenartikel(-)(der) *branded product*
Meeresfarmer(-)(der) *sea-farmer*
sich(dat) etwas merken *to notice something; take*
    note of
Metallkleber(-)(der) *metal bonder*
Mitarbeiter(-)(der) *colleague; assistant*
Möglichkeit(en)(die) *possibility*
murmeln *to mutter; murmur*
nachsehen(sep), sieht nach, sah nach, hat
    nachgesehen *to have a look; look after, attend to*
neulich *recently, the other day*
nirgends *nowhere*
offen *open; vacant*
Pinsel(-)(der) *(painting, shaving) brush*
Rasierklinge(n)(die) *razor blade*
reichhaltig *'bumper', extra large*
schlimm *bad*
schließlich *after all*
wenn ich das schon lese! *just to read that*
    (makes my blood boil)!

schwach *weak*

Seife(die) *soap*

sicher *safe, secure; sure, certain*

sofort *immediately, straight away*

Sparte(n)(die) *aspect; field, branch*

steigen, -, stieg, ist gestiegen um 35 Prozent *to rise by 35%*

Steigerung(en)(die) *rise, increase*

Stelle(n)(die) *position, post, job (see 'Angebot')*

Stellung(en)(die) *(='Stelle')*

Tasse(n)(die) *cup*

Termin(e)(der) *date, time (fixed in advance)*

übel *bad*

überall *everywhere*

übrigbleiben(sep), -, blieb übrig, ist übriggeblieben *to remain, be left over*

(es) bleibt mir nichts anderes übrig *I have no alternative; there's nothing for it*

übrigens *incidentally, by the way (here indicates a new train of thought)*

Umfang("e)(der) *circumference; girth, range, extent*

umfangreich *comprehensive, extensive*

umlernen(sep) *to re-learn*

Umsatz(der) *turnover*

Umsatzrückgang *recession; decline; falling-off in turnover*

sich umsehen(sep), sieht sich um, sah sich um, hat sich umgesehen *to look round; have a look round*

Umstand("e)(der) *circumstance*

unten *at the bottom; downstairs*

unter keinen Umständen *under no circumstances, on no account*

unter *among; under*

Unternehmen(-)(das) *enterprise; firm*

Verantwortung(die) *responsibility*

verantwortungsvoll *responsible*

Verkauf("e)(der) *sale*

Verkaufsförderung(die) *sales promotion*

Verkaufsleiter(der) *sales manager*

Vertrag("e)(der) *contract; treaty*

vertraulich *confidential*

Vertreter(-)(der) *representative*

Vertrieb(der) *selling, marketing*

Vertriebspersönlichkeit(en)(die) *salesman, person with flair for salesmanship*

völlig *complete(ly)*

vorbei *past; over and done with*

weg damit! *away with it!*

Welt(en)(die) *world*

wen? *(acc. of 'wer'?)* *whom?*

Werbung(die) *advertising, publicity*

Werbetext(e)(der) *advertising text, copy*

wichtig *important*

Wirtschaft(die) *economy*

Wirtschaftskrise(n)(die) *economic crisis*

Witz(e)(der) *joke; cartoon*

wohl *I suppose*

auf Wunsch *if desired*

Zahn("e)(der) *tooth*

Zahnpasta (or -past*e*)(die) *tooth-paste*

zur Zeit *at the present time*

zuerst *first of all, at first*

Fragen

A

1. Warum will dieser Mann heute unbedingt Zeitung lesen?

2. Nach welchem Teil der Zeitung sucht er zuerst?

3. Wo ist der Anzeigenteil?

4. Verkauft die Firma Asmussen Elektrorasierer?

5. Warum sind Rasierklingen heute kein sicheres Geschäft mehr?

6. Steigt der Umsatz?

7. Warum interessieren ihn Stellenangebote für Studenten nicht?

8. Unter welchen Umständen würde ihm die Herrenkosmetikbranche passen?

9. Was würde er als Vertreter verkaufen müssen?

10. Kann er sich sofort entschließen?

11. Hat ihm der Chef schon gekündigt?

12. Wie verträgt er sich mit seinem Chef?

13. Soll der Lebenslauf getippt sein?

14. Was möchte seine Frau wissen?

15. Warum wirft er die Zeitung weg?

B   Write two or three sentences in answer to each of the following:

16. Warum ist heute das 'Umlernen' im Geschäftsleben wichtig?
17. Erklären Sie die Unterschiede zwischen 'Innen-' und 'Außendienst'!
18. Welche Umstände sind für eine Firma günstig/ungünstig?
19. Beschreiben Sie genau, wie man sich um eine Stelle bewirbt!
20. Erklären Sie folgende Ausdrücke: Umsatzrückgang; Kostensteigerung; Kurzarbeit.

Drills

DRILL 1   *'other than'*

Beispiel: mein Chef

Now begin:

1. mein Chef
2. meine Frau
3. die neue Regierung
4. die Firma Asmussen
5. Müller aus Düsseldorf

Antwort: In diesem Punkt bin ich anderer Meinung als mein Chef.

6. unser Chef-Programmierer
7. frühere Verkaufsdirektoren
8. die übrigen Vertreter
9. die restlichen Unternehmen
10. die meisten Mitarbeiter

DRILL 2 *es gibt* + accusative

Beispiel: eine billigere Zeitung

Now begin:

1. eine billigere Zeitung
2. eine günstigere Zeit
3. ein größerer Anzeigenteil
4. eine schwächere Konjunktur
5. ein besserer Elektrorasierer

Antwort: Es gibt keine billigere Zeitung.

6. ein sichereres Geschäft
7. ein erfahrenerer Programmierer
8. ein schlechterer Werbetext
9. eine verantwortungsvollere Position
10. ein früherer Termin

DRILL 3   *Doch:* '*yes*' after a negative

Beispiel: Ist die Zeitung nicht da?

Now begin:

1. Ist die Zeitung nicht da?
2. Ist der Briefkasten nicht leer?
3. Lesen Sie nicht die Witzseite?
4. Gibt es nicht eine Wirtschaftskrise?
5. Benützen Sie nicht 'Bart-ab' – Klingen?

Antwort: Doch, die Zeitung ist da.

6. Führt der Betrieb nicht Kurzarbeit ein?
7. Sind die Zeiten nicht längst vorbei?
8. Sucht er nicht Metallkleber?
9. Haben Sie das nicht gemerkt?
10. Kennen Sie sich nicht aus?

DRILL 4   *'Somewhere – Nowhere' etc.*

Beispiel: Die Zeitung liegt *irgendwo* herum.

Now begin:

1. Die Zeitung liegt irgendwo herum.
2. Ich habe Müller irgendwo gesehen.
3. Die Kurzarbeit wird irgendwann kommen.

Antwort: Die Zeitung liegt *nirgends* herum.

4. Meine Frau ist irgendwann zu Hause.
5. Der Kaffee ist irgendwo besser als hier.
6. Die Krise ist irgendwann zu Ende.

7. Ihr neuer Chef ist irgendwo zu finden.
8. Er will irgendwann kündigen.

9. Die große Koalition wird irgendwann Erfolg haben.
10. Die Zahnpasta liegt irgendwo herum.

DRILL 5   *'Not only . . . but also'*

Beispiel : dumm/faul

Antwort : nicht nur dumm, sondern auch faul

Now begin:
1. dumm/faul
2. schön/intelligent
3. schwer/schmutzig
4. unpraktisch/gefährlich
5. undankbar/unfair
6. altmodisch/lächerlich

7. unwahrscheinlich/unwahr
8. modern/wichtig
9. unmöglich/ungünstig
10. glücklich/zufrieden
11. kompliziert/unwirtschaftlich

DRILL 6 *schon = 'admittedly'*

Beispiel : Die Zeitung ist teuer.

Antwort : Teuer schon, aber nicht so teuer wie Sie glauben.

Now begin:
1. Die Zeitung ist teuer.
2. Die Konjunktur ist schwach.

3. Der Vorgang ist kompliziert.
4. Asmussen ist erfolgreich.

5. Die Aussichten sind günstig.
6. Die Meeresfarmer sind wichtig.
7. Die Vertreter sind erfolgreich.

8. Die Position ist verantwortungsvoll.
9. Die Gehaltserhöhung ist gering.
10. Die Formel ist schwerverständlich.

DRILL 7   Opposites

Beispiel: Die meisten Zeitungen sind *abhängig*.

Antwort: Stimmt, aber manche sind *unabhängig*.

Now begin:

1. Die meisten Zeitungen sind abhängig.
2. Die meisten Kombinationen sind wahrscheinlich.
3. Die meisten Elektrorasierer sind praktisch.
4. Die meisten Professoren sind fair.
5. Die meisten Ergebnisse sind möglich.

6. Die meisten Ehemänner sind zufrieden.
7. Die meisten Mädchen sind glücklich.
8. Die meisten Tabellen sind verständlich.
9. Die meisten Versuche sind gefährlich.
10. Die meisten Beweise sind richtig.

8   Oral/Written Translation/Dictation

STELLENANGEBOTE

1.

> Wir suchen einen
>
> *Chemie – Ingenieur*
> mit guten Kenntnissen in der
> analytischen Chemie und speziellen
> Erfahrungen in der
>
> *Gaschromatographie*
> Gute englische Sprachkenntnisse sind erforderlich.
> Wir bieten leistungsgerechtes Einkommen und alle
> sozialen Vorteile eines Großunternehmens.
> Kurzgefaßte Bewerbungen, die einen ersten
> Eindruck vermitteln, erbitten wir unter
> Angabe des Gehaltswunsches an . . .

2.   Architekt F., Nürnberg, sucht *2 Bauleiter*. Gehalt, Prämien, soziale Leistungen geboten. Schriftliche Bewerbungen mit Lebenslauf, Zeugnissen, Paßbild und Anfangstermin erbeten, oder telefonische Terminvereinbarung mit dem Sekretariat.

3.   Für unser Rechenzentrum in Köln suchen wir einen *Programmierer*. Wir arbeiten zur Zeit mit einer Datenverarbeitungsanlage IBM 360/30, Band Platte 32K. Falls Sie sich für diese Aufgabe interessieren, bitten wir Sie, Ihre schriftliche Bewerbung mit Gehaltswunsch und frühestmöglichem Eintrittstermin bei unserer Personalleitung einzureichen.

4.   Namhafte Berliner Bauunternehmung sucht für ihre Niederlassung in rheinischer Großstadt einen erfahrenen Bauingenieur (TH oder HTL) als *Leiter*. Für diese Stellung kommen nur Herren

in Betracht, die im Hoch-, Tief- und konstruktiven Ingenieurbau erfahren und in der Lage sind, eine erfolgreiche Akquisition durchzuführen. Bewerbungen bitten wir mit den üblichen Unterlagen unter Angabe der Gehaltswünsche und des frühesten Eintrittsdatums zu richten unter PM 190N an Welt-Verlag.

5.   Größeres Industrieunternehmen in Raum Hannover sucht einen jüngeren **Diplom-Kaufmann** für betriebswirtschaftliche Aufgaben. Erwünscht sind einige Jahre Berufserfahrung im industriellen Rechnungswesen oder in der Wirtschaftsprüfung, sowie gute englische Sprachkenntnisse.

Geboten werden ein leistungsgerechtes Gehalt und Mithilfe bei der Wohnungsbeschaffung. Ausführliche Bewerbungsunterlagen erbeten unter PK 1909 an Welt-Verlag.

Reading Passage

Berufsausbildung heute für die chemische Industrie von morgen
Die moderne industrielle Chemie ist erst rund hundert Jahre alt. Die technische Entwicklung und das wirtschaftliche Wachstum dieses Industriezweigs haben das Leben des Einzelnen beeinflußt. Der schnelle Fortschritt hat aber auch das Berufsbild der in der chemischen Industrie tätigen Personen entscheidend verändert. Man spricht nicht mehr von Chemikern, Physikern und Ingenieuren, sondern sagt Anorganiker, Organiker, Physikochemiker, Hoch-   5
frequenzphysiker, Regeltechniker, Verfahrensingenieur, Werkstoffachmann usw. Ich könnte diese Liste beliebig fortsetzen. Und diese Differenzierung wirkt sich auch in den einfachsten Tätigkeiten aus.
Während es in Deutschland bis 1938 keine echten Ausbildungsberufe in der chemischen Industrie gab, beträgt die Zahl der offiziell festgelegten Berufsbilder in der chemischen Indus-   10
trie heute 15. Darunter befinden sich unter anderem solche Berufsbezeichnungen wie Chemie-facharbeiter, Gerber, Physiklaborant, Werkstoffprüfer, Gummibetriebswerker usw. Auch außerhalb der eigentlichen Produktion entstehen als Folge der angewandten Elektronik neue Berufe, wie zum Beispiel Operateure für Rechenmaschinen, Programmierer und mathema-tisch-technische Assistenten. Manchmal sieht es so aus, als ob die Geister, die wir mit der   15
Spezialisierung riefen, uns nun nicht mehr loslassen. Wir müssen uns allen Ernstes fragen, wohin diese Entwicklung führt und was wir tun können, um die Gefahr der Einseitigkeit, die jede Spezialisierung mit sich bringt, abzuwenden.
Einseitig sein ist in diesem Sinne gleichbedeutend mit dem Verlust der Anpassungsfähigkeit an neue Voraussetzungen. Verlust der Flexibilität gibt es im wirtschaftlichen Sinne, wenn   20
groß bemessene Anlagen für ein Produkt durch neue Verfahren oder durch neue Erzeugnisse bedroht sind und wenn sie dann der neuen Situation nicht genügend schnell angepaßt werden können. Aber derartige wirtschaftliche Risiken lassen sich doch bis zu einem gewißen Grad durch ein vielgestaltige Produktionsprogramm – man nennt das heute Diversifikation – mildern.   25
Bedenklicher ist die andere Seite dieses Problems, soweit sie den Menschen in der Wirtschaft betrifft. Neben dem Arbeitnehmer ist hier der Unternehmer selbst angesprochen, wenn innerhalb kurzer Zeit für hochwertige Spezialkräfte keine angemessene Beschäftigung mehr zu finden ist. Mit Recht interessiert ein solches Thema aber auch über den Kreis der unmittel-bar Betroffenen hinaus die Soziologen, Theologen, Philosophen, Juristen, die Gewerk-   30
schaften und die politischen Parteien.

(Nach: Bernhard Timm, *Berufsbildung Werk*, BASF 3/1966)

Grammar   *Negation*

1.   Principles concerning the position of **nicht** in a sentence will be found in the grammar to Unit 24: 'Word order'.

2.   Use of **kein**.
When a noun follows a verb in a negative sentence, English tends to make the *verb* negative;
   I haven't any books.
German, however, tends to make the *noun* negative:
   *Ich habe **keine Bücher**.*
Consider the following further examples:
   *Er ist **keine** drei **Jahre** alt.*   He *isn't* yet three years old
   *Es gibt **keinen** besseren **Elektrorasierer**.*   There *isn't* a better electric shaver.

3.   The following negative expressions should be learnt:

nichts Besonderes	nothing special
es bleibt mir nichts anderes übrig	I have no alternative
nicht nur . . . sondern auch	not only . . . but also
nicht so schlimm wie . . .	not as bad as . . .
es ist nirgends anders	it's the same everywhere
gar nicht	not at all
unter keinen Umständen ⎫ *auf keinen Fall* ⎭	under no circumstances
man kann ja nie wissen	you never know; you can never tell

4.   A negative question or statement is contradicted by **doch** (=yes; cf. French *si*):
   *Ist die Zeitung **nicht** da?*   **Doch**, *sie ist da.*
   *Er ist ja **kein** Student mehr.*   **Doch**, *er ist immer noch Student.*
   *Es ist **nirgends** zu sehen.*   **Doch**, *hier ist es.*

Dialog	*(Computer-) Zeit ist Geld*
Dozent	Morgen, meine Damen, meine Herren. Wir haben in der letzten Zeit eine Menge über elektronische Rechenanlagen gehört. Programmieren, Fortran, Speichern, Lochkarten, Flußdiagramm – solche Begriffe sollten jetzt eigentlich jedem klar sein. Oder nicht? Hat jemand noch eine Frage dazu?
Lachs	Der Unterschied zwischen Digitalrechnern und Analogrechnern. Können Sie das noch mal kurz erklären?
Dozent	Schön. Kann jemand von Ihnen was dazu sagen? Ja, Herr Rode.
Rode	Ich glaube, es ist so: Das Analogsystem stellt Zahlen durch bestimmte Maßeinheiten dar. Digitale Computer können Zahlen direkt verwenden.
Dozent	Gut, das stimmt so ungefähr. Alles klar, Herr Rode? Wenn nicht, dann lesen Sie es doch bitte im Lehrbuch nach. Als nächstes also ein allgemeines Thema: Wo und wie werden Computer heute verwendet? Seit wann ist das Prinzip überhaupt bekannt?
Mühlheim	Haben nicht Leibniz und Pascal etwas damit zu tun? Im 17. Jahrhundert, oder?
Dozent	Fabelhaft, Frau Mühlheim, Sie hätten Historikerin werden sollen. 300 Jahre— Ja, Herr Lachs?
Lachs	Erst seit den fünfziger Jahren sind die elektronischen Bauelemente verläßlich genug.
Dozent	Richtig, sagen wir also, daß die Grundidee alt, die technische Ausführung jedoch sehr jung ist.
Rode	Hatten die ersten Computer eigentlich schon Transistoren?
Dozent	Nicht unbedingt. Der 1946 gebaute ENIAC zum Beispiel, hatte 18 000 Röhren. Die Halbleiter kamen erst etwas später. – Jetzt aber zu den Verwendungsmöglichkeiten.
Mühlheim	Computer können mathematische Gleichungen lösen.
Dozent	Na ja, das ist selbstverständlich. Denken Sie an die Praxis: Handel und Industrie. Was fällt Ihnen da ein?
Lachs	Bei der Stahlerzeugung wird der Produktionsprozeß automatisch kontrolliert, also Druck und Fließgeschwindigkeit.
Mühlheim	Im Großhandel: Kontrolle von Lagerbeständen, Kosten, Zahl der Bestellungen. Nach diesen Daten wird das Lager vergrößert oder verkleinert. Man kann somit schneller auf Angebot und Nachfrage reagieren.
Lachs	Nicht zuletzt der Nutzen für die Wissenschaft. Mit der modernen Datenverarbeitung ist zum Beispiel das Sammeln und Auswerten meteorologischer Messungen viel einfacher geworden.
Dozent	Sehr schön, das genügt. Natürlich ist das längst nicht alles. Es gibt kaum ein Gebiet heutzutage, das nicht irgendwie von dieser 'Revolution' betroffen ist. Aber es gibt zwei Voraussetzungen. Welche? Ich meine jetzt nicht die Technik.
Lachs	Computer brauchen viel Daten. Sonst arbeiten sie nicht rationell. Eine einzelne Gleichung löst man besser mit der Tischrechenmaschine.

Dozent	Gut. Grundsatz Nummer eins also: Zeit ist Geld. Und Nummer zwei? Denken Sie an die maschinelle Übersetzung. Warum ist die so kompliziert?
Rode	Es gibt keine Programme dafür.
Dozent	Gut, aber warum nicht?
Lachs	Man weiß bis heute nicht genau, was Sprache ist, informationstheoretisch gesprochen, und wie sie funktioniert. Sie ist kein mathematisch eindeutiges System. Beim Übersetzen z.B. müßte ein Computer oft unter zwei, drei möglichen Wörtern wählen. Es ist noch nicht recht gelungen, solche Prozesse zu programmieren.
Dozent	Genau. Daraus folgt: Wenn Sie zum Beispiel unsere Unterhaltung heute ins Englische übersetzen wollen, dann ist es immer noch besser, Sie machen es selbst. Auch wenn es etwas mühsam ist.

Vocabulary

allgemein   *general*
Angebot(e)(das)   *offer*
Angebot und Nachfrage   *supply and demand*
auch wenn   *even if*
Ausführung(die)   *execution (of plan, work, etc.)*
Auswertung(die)   *evaluation; utilization*
Bauelement(e)(das)   *component*
Begriff(e)(der)   *concept, conception, idea*
bekannt   *known, well-known*
Bestellung(en)(die)   *order*
bestimmt   *definite, specific*
betreffen(insep), betrifft, betraf, hat betroffen   *to affect, concern*
darstellen(sep)   *to represent*
Daten(pl.)   *data*
Datenverarbeitung(die)   *data-processing*
eine Frage dazu   *a question about it*
was sagen Sie dazu?   *what do you say about it?*
Druck(¨e)(der)   *pressure*
eindeutig   *clear, unambiguous, unequivocal*
einfallen(sep), fällt ein, fiel ein, ist eingefallen (+dat.)   *to occur to*
einzeln   *individual, single*
Erzeugung(die)   *production, manufacture*
fabelhaft   *fabulous; splendid*
Fließgeschwindigkeit(die)   *velocity of flow*
Flußdiagramm(e)(das)   *flow chart*
daraus folgt   *it follows that*
die fünfziger Jahre   *the 50's*
Gebiet(e)(das)   *area, district; field, sphere*
gelingen(insep), -, gelang, ist gelungen(+dat) (impersonal)   *to succeed*
es gelingt mir   *I succeed*
genau   *exact(ly), precise(ly)*

genügen(insep)   *to suffice, be enough*
gesprochen (*past participle of* 'sprechen')
   theoretisch gesprochen   *speaking theoretically*
Gleichung(en)(die)   *equation*
Großhandel(der)   *wholesale trade*
Grundidee(n)(die)   *basic idea*
Grundsatz(¨e)(der)   *basic principle*
Handel(der)   *trade, commerce*
heutzutage   *nowadays*
immer noch   *still (emphatic)*
irgendwie   *somehow, in some way*
jedoch   *however*
Lager(-)(das)   *store, stock; camp*
Lagerbestand(¨e)(der)   *stock, inventory*
längst nicht   *not by any means, not by a long chalk*
in der letzten Zeit   *just recently*
Lochkarte(n)(die)   *punched card*
lösen   *to solve; buy (a ticket)*
Maßeinheit(en)(die)   *unit of measure*
Menge(n)(die)   *amount, quantity; crowd*
eine Menge   *quite a lot*
Messung(en)(die)   *measurement*
mühsam   *laborious*
Nachfrage(die)   (*see* 'Angebot')
nachlesen(sep), liest nach, las nach, hat nachgelesen   *to read up*
Nutzen(der)   *use, usefulness, profit, advantage*
Praxis(die)   *practice (i.e. opposite of theory)*
Rechenanlage(n)(die)   *computer*
Rechenmaschine(n)(die)   *calculating machine*
Rechner(-)(der)   *computer*
Röhre(n)(die)   *tube; pipe; valve*
sammeln   *to collect, gather*
selbstverständlich   *obvious(ly); of course*

sollen: Sie hätten . . .'. werden sollen *you ought*
   to have become . . .
somit *in this way, thus*
sonst *otherwise; or else*
speichern *to store*
Stahl(der) *steel*
das stimmt *that's correct*
überhaupt *in general; at all*
übersetzen(insep) *to translate*
Übersetzung(en)(die) *translation*
unbedingt *absolute(ly)*
nicht unbedingt *not necessarily*
ungefähr *approximate(ly), rough(ly)*

unter *among; under*
Unterhaltung(en)(die) *conversation*
Unterschied(e)(der) *difference*
vergrößern(insep) *to make bigger*
verkleinern(insep) *to make smaller*
verläßlich *reliable*
verwenden(insep) *to use*
Verwendung(en)(die) *use*
Voraussetzung(en)(die) *presupposition,*
   (pre-)condition
Zahl(en)(die) *number*
zuletzt *last of all*
nicht zuletzt *not least*

Fragen

A

1. Worüber wird gesprochen?
2. Was ist der Unterschied zwischen Digitalrechnern und Analogrechnern?
3. Wie alt ist die Grundidee ungefähr?
4. Warum ist die technische Ausführung noch sehr jung?
5. Wann wurde der ENIAC gebaut?
6. Verwendeten die ersten Computer alle Transistoren?
7. Geben Sie ein einfaches Beispiel für eine algebraische Gleichung.
8. Für welchen Produktionsprozeß ist Druck und Fließgeschwindigkeit wichtig?
9. Welchen Vorteil bietet ein Computer für den Großhandel?
10. Wie helfen Computer der Meteorologie?
11. Sind das die einzigen Gebiete, wo Computer verwendet werden?
12. Wann arbeiten Computer rationell?
13. Was ist Grundsatz Nummer eins für rationelles Arbeiten?
14. Warum ist die maschinelle Übersetzung so kompliziert?
15. Wie würde man diese Unterhaltung am besten ins Englische übersetzen?

B   Write two or three sentences in answer to each of the following:

16. Was wissen Sie über Leibniz und Pascal?
17. Warum hat nicht jede Firma einen eigenen Computer?
18. Welche Nachteile ergeben sich bei der Verwendung eines Computers?
19. Erklären Sie, wie ein Computer funktioniert!
20. Wird in Zukunft der Mensch durch Computer ersetzt werden?

Drills

DRILL 1   *man = 'they'*

Beispiel: Kennen Sie die Daten?   *Antwort:* Ja, man hat mir die Daten gezeigt.

Now begin:
1. Kennen Sie die Daten?   2. Kennen Sie den Unterschied?

3. Kennen Sie die Lagerbestände?
4. Kennen Sie die Anwendungsmöglichkeiten?
5. Kennen Sie die Übersetzung?
6. Kennen Sie das System?
7. Kennen Sie das Flußdigramm?

8. Kennen Sie den Text?
9. Kennen Sie die Anwendung?
10. Kennen Sie diesen Computer?
11. Kennen Sie unsere Bank?

DRILL 2   Pronoun order

Beispiel: Zeigte Herr Lachs Ihnen die
            1   2
Ergebnisse?
   3

Antwort: Natürlich zeigte er sie mir.
                  1 3 2

Now begin:
1. Zeigte Herr Lachs Ihnen die Ergebnisse?
2. Erklärte er Ihnen die Gleichung?
3. Gab er Ihnen die Schreibmaschine?
4. Liefert das Werk uns die Maschinen?
5. Nennt er dem Kunden den Preis?

6. Berechnet die Bank uns die Kosten?
7. Schickt das Labor Ihnen die Kopie?
8. Bringt Herr Rode Ihnen das Buch?
9. Schrieb Frau Mühlheim ihrem Mann eine Karte?
10. Sandten Sie dem Chef Ihre Kündigung?

DRILL 3   Position of verb

Beispiel: Englisch wird *überall* gesprochen. Wirklich?

Antwort: Ja, überall wird Englisch gesprochen.

Now begin:
1. Englisch wird *überall* gesprochen. Wirklich?
2. ENIAC wurde *1946* gebaut. Wirklich?
3. Unser System wurde *zur gleichen Zeit* entwickelt. Wirklich?
4. Er ging, *ohne ein Wort zu sagen.* Wirklich?
5. Herr Würzberg rief *heute früh* an. Wirklich?
6. Ich habe den Brief *erst gestern* gelesen. Wirklich?
7. Man braucht *18 000 Röhren.* Wirklich?
8. Morgen kommen *höchstens 30 Gäste.* Wirklich?
9. Man kennt das Prinzip *seit dem 17. Jahrhundert.* Wirklich?
10. Die Nachfrage ist *letzte Woche* gestiegen. Wirklich?
11. Das Angebot sinkt *langsam.* Wirklich?

DRILL 4   *da* + preposition

Beispiel: Hängt es *vom Geld* ab?

Antwort: Kein Zweifel, es hängt davon ab.

Now begin:
1. Hängt es *vom Geld* ab?
2. Hängt es *von dem Transistor* ab?
3. Beruht das *auf einem Fehler?*
4. Ist er *mit dem Ergebnis* zufrieden?
5. Freut sie sich *über die Platten?*

6. Gehen Sie *nach dem Kino* heim?
7. Trinkt er Tee *zwischen den Vorlesungen?*
8. Denken Sie *an die Auswertung*, Herr Rode?
9. Hat er sich *über den Brief* geärgert?

DRILL 5   *'whether'*

Beispiel: Stimmt das Ergebnis?

Now begin:

1. Stimmt das Ergebnis?
2. Hat Herr Lachs gekündigt?
3. Bekommen wir eine neue Schreibmaschine?
4. Wird der Chef die teure IBM kaufen?
5. Gibt es davon nur eine Kopie?
6. Ist ein Zentimeter größer als ein Meter?

Antwort: Ich möchte gern wissen, ob das Ergebnis stimmt.

7. Hat Fräulein Dietrich einen Freund?
8. Konnte Leibniz Latein?
9. Ist die ganze Anlage kaputt?
10. War Frau Mühlheim schon wieder im Kino?
11. Kennen Sie die Firma schon lange?

DRILL 6   Verb as second idea

Beispiel: Herr Rode bringt mir *morgen* das Buch. Wann?

Antwort: Morgen bringt er mir das Buch.

Now begin:

1. Herr Rode bringt mir *morgen* das Buch. Wann?
2. Das Labor schickt uns *in einer Stunde* eine Kopie. Wann?
3. Fräulein Dietrich heiratet *im Herbst* Herrn Rode. Wann?
4. Frau Mühlheim kann den Text *in einer Woche* übersetzen. Wann?
5. Wir haben bis Mitternacht *über das Flußdiagramm* diskutiert. Worüber?
6. Herr Lachs hat nie *mit der Sekretärin* gesprochen. Mit wem?
7. Die Lagerbestände sind seit Anfang September *um 10 Prozent* gestiegen. Um wieviel?
8. Herr Würzberg rief heute früh *aus Essen* an. Woher?
9. Manche Computer arbeiteten früher *mit Röhren*. Womit?
10. Alle Gebiete werden *von der technischen Revolution* betroffen. Wovon?

DRILL 7   *über* + accusative = *'about'*

Beispiel: Befaßt er sich mit Programmieren?

Now begin:

1. Befaßt er sich mit Programmieren?
2. Befaßt er sich mit Transistoren?
3. Befaßt er sich mit Angebot und Nachfrage?
4. Befaßt er sich mit maschineller Übersetzung?
5. Befaßt er sich mit Digitalrechnern?

Antwort: Ja, er liest ein Buch über Programmieren, hat er mir erzählt.

6. Befaßt er sich mit Elektronik?
7. Befaßt er sich mit Buchhaltung?
8. Befaßt er sich mit Meteorologie?
9. Befaßt er sich mit Temperaturkontrolle?
10. Befaßt er sich mit Stahlproduktion?

8   Oral/Written Translation

You know the new building firm in Deutz?//Well, last week//I wrote an application// – for a post as architect,//you know.//Didn't you see the advert?//It was in the 'situations vacant'//last Friday.//Very good salary,//help with accommodation//earliest possible starting date,//and so on.// I think//they want somebody//with more experience really,//but why not try,//when the opportunity's there?//

Well, I filled the form in// – they wanted to know everything –//I had to//send a passport photograph too.//That will probably//cost me the job!//

Reading Passage   *Datenverarbeitung—ein Beruf mit Zukunft*

Sie wissen bereits viel über die Möglichkeiten der Datenverarbeitung. Darum sollten Sie lesen, was die Datenverarbeitung Ihnen bieten kann.

Zunächst – und das können wir Ihnen versprechen – eine große berufliche Zukunft. Der Beweis: Schon heute werden unsere Datenverarbeitungsanlagen für alle Bereiche unseres modernen Lebens eingesetzt. Sei es Technik, Wissenschaft und Forschung oder Verwaltung – der Computer ist unersetzbar geworden. Einfach deswegen, weil sich ohne ihn die Vielzahl der Daten, der Informationen nicht mehr bewältigen läßt. Und dennoch steht die Datenverarbeitung erst am Anfang ihrer Entwicklung. Einer Entwicklung freilich, die schon ahnen läßt, was für Aufgaben in Zukunft auf sie warten. Sie werden komplex und vielfältig sein. Und genauso vielfältig sind daher die beruflichen Möglichkeiten, die Ihnen die Datenverarbeitung bieten kann.

Datenverarbeitung – das ist Ihnen sicher wohlbekannt – ist keine Geheimwissenschaft. Computer können nicht denken. Datenverarbeitung ist nicht mehr und nicht weniger als immense Rechen- und Ordnungskraft im Dienste eines vom Menschen geschaffenen Programms.

Darum wenden wir uns an Sie. Von der Entwicklung bis zur gezielten Anwendung in der Praxis sind es die Wissenschaftler und Techniker aller Fachrichtungen, die Probleme der Datenverarbeitung bewältigen. Wir machen Sie mit diesen Problemen vertraut. Die Aufgaben verlangen von Ihnen, daß Sie Ihr in Studium oder Beruf erworbenes Fachwissen selbständig anwenden und zudem in eigener Verantwortung immer wieder einen Schritt weiter tun. Einen Schritt über das Konventionelle hinaus, in bislang unbekannte Gebiete. Wir glauben, gerade das ist der Reiz einer so zukunftsträchtigen Materie wie der Datenverarbeitung. Und sicher ist das auch ein Grund, warum so viele junge Mitarbeiter bei uns sind.

Schreiben Sie uns. Wir werden Sie ausführlich darüber informieren, welche beruflichen Möglichkeiten sich Ihnen bei uns eröffnen.

(line numbers in margin: 5, 10, 15, 20, 25)

Grammar   ## Word order

1.   MAIN CLAUSES

These are clauses which make complete sense by themselves, e.g. 'It is cold'. 'I don't want to go home so early in the evening'. The verb in such clauses occupies the second position in German, irrespective of what begins the clause, e.g.:

Ich	*glaube,*	
es	*ist*	*so*
Erst seit den frühen fünfziger Jahren	*sind*	*die elektronischen Bauelemente verläßlich genug*
Im Winter	*gibt*	*es nicht immer viel Schnee*

This principle can be extended to sentences which open with a subordinate clause. The subordinate clause counts as first position, so the verb of the main clause follows immediately:

Wenn Sie diese Gleichung lösen wollen,	*müssen*	*Sie den Computer benutzen.*

2.   SUBORDINATE CLAUSES

These are clauses which, beginning with a conjunction (except the five mentioned in Unit 4) or a relative pronoun, do not make complete sense by themselves – they need a main clause to complete the sense, (e.g.:)

'Because it is cold'; ('The person) who left the room'. The verb in such clauses goes to the end:

　　*a.　Sagen wir also, **daß** die Grundidee alt **ist**.*

　　*b.　Es gibt kaum ein Gebiet, **das** nicht von der Revolution betroffen **ist**.*

　　*c.　**Wenn** Sie unsere Unterhaltung übersetzen **wollen**, dann ist es besser, Sie machen es selbst.*

Note: (i) Separable verbs join up again in a subordinate clause:

　　　　*Als er **aufstand**, war es schon spät.*

　　(ii) If compound tenses are used in a subordinate clause, it is the auxiliary verb which
　　　　goes to the end (see also *b* and *c*, above):

　　　　*Ich kann nicht kommen, **weil** man mich nicht eingeladen **hat**.*

　　　　***Wenn** ich nur davon gewußt **hätte**!*

　　　　*Er schreibt, **daß** er zwei Wochen in Deutschland bleiben **wird**.*

3.   QUESTIONS

These are formed simply by inverting subject and verb, whether an interrogative word like
wann?, warum? is present or not:

　　　　*Wann **arbeiten Computer** rationell?*

　　　　***Ist es** einfach, einen Text zu programmieren?*

　　　　*Welche verschiedenen elektronischen Rechensysteme **gibt es**?*

4.   WORDS WHICH GO TO THE END

Infinitives and past participles go to the end of their clauses (except in 2 ii above):

　　　　*Der Computer kann oft nicht das richtige Wort **auswählen**.*

　　　　*Bei der Stahlerzeugung wird der Produktionsprozess automatisch **kontrolliert**.*

NOTE. (i) The past participles of separable verbs insert *-ge-* between prefix and stem:

　　　　*Er hat mich heute **angerufen**.*

　　(ii) If used with *zu*, the infinitives of separable verbs insert *-zu-* between prefix and stem:

　　　　*Er bat mich, ihn heute **anzurufen**.*

5.   PRONOUN AND NOUN OBJECTS

Here there are three principles:

　　a. Two pronoun objects – Accusative before Dative:

　　　　*Natürlich zeigte er **sie mir**.*

　　b. Two noun objects – Dative before Accusative:

　　　　*Schrieb er **seiner Frau eine Karte**?*

　　c. Pronoun and Noun – Pronoun before Noun:

　　　　*Erklärte er **Ihnen die Gleichung**?*

6.   'NICHT'

Nicht follows the Direct Object:

　　　　*Ich kann **die Produktion nicht** steigern.*

It precedes, however, any word(s) (including Direct Objects) which are expressly negated:

　　　　*Nicht **unbedingt**.*　　Not *necessarily*.

　　　　*Nicht **zuletzt** der Nutzen für die Wissenschaft.*　　Not least . . .

　　　　*Natürlich ist das längst nicht **alles**.*　　. . . not *all*.

　　　　*Es gibt kaum ein Gebiet, das nicht **irgendwie** betroffen ist.*　　. . . not *in some way*.

　　　　*Ich meine jetzt nicht **die Technik**.*　　. . . not *technology* (implied: but something other
　　　　　　　　　　　　　　　　　　　　　　　　　　　　　　　　　　than technology)

7.   TIME, MANNER, PLACE

Adverbs or adverb phrases appear in this order in a sentence:

TIME	MANNER	PLACE
Er ging um 4 Uhr	*mit Kopfschmerzen*	*nach Hause*

Note. This principle can be broken for the sake of emphasis, when any one of these adverbs or phrases can be placed first in the clause:

Fahren Sie mit der Bahn nach Rom? – Nein, **mit der Bahn** *fahren wir nur bis Mailand.*

8.   MISCELLANEOUS

Note the following examples of reversed word order:

Familie Schmidt	the Schmidt family
Hotel Europa	the Europa hotel
noch nicht	not yet
noch nie	never yet, never before
noch etwas	something else
noch vier Bücher	four more books
so etwas	something like that
jetzt nicht	not now

Monolog   *Nachrichten aus der Wirtschaft*

Beim Gongschlag war es 18 Uhr 30. Guten Abend, meine Damen und Herren. Der Norddeutsche Rundfunk bringt Wirtschaftsnachrichten sowie den Börsenbericht.

Brüssel – Der Goldanteil an den Währungsreserven der sechs EWG-Länder hat sich von 67 Prozent im Jahre 1963 auf 75, 5 Prozent im Oktober 1966 erhöht. In der Bundesrepublik stieg er von 51,1 auf fast 64,8 Prozent, in Frankreich sogar von 71,2 auf 85,4 Prozent.

Wolfsburg – Kurzarbeit mußte das größte deutsche Unternehmen, das Volkswagenwerk, im Januar einführen. Dies bedeutet Lohnausfall für die Arbeiter sowie einen Einnahmerückgang von insgesamt 332,8 Millionen Mark für die Zulieferungsindustrie. Durch die 16 arbeitsfreien Tage benötigt das VW-Werk unter anderem 47 400 t Stahl, 3 600 t Magnesium und Aluminium, 5 700 t Gummi und 1 000 t Öle, Fette und Farben *weniger* als geplant.

Bonn – Die neuesten Zahlen, die gestern vom Bundeswirtschaftsministerium veröffentlicht wurden, zeigen, daß das Bruttosozialprodukt 1966 nur um 2,7 Prozent stieg, verglichen mit 4,8 Prozent im Vorjahr. Pro Kopf der Bevölkerung beträgt das Bruttosozialprodukt in der Bundesrepublik 2 004 Dollar, gegenüber 1 370 Dollar im Jahre 1956. Die Experten rechnen bis 1970 mit einem durchschnittlichen Wachstum der deutschen Wirtschaft von jährlich 3,5 Prozent.

Leverkusen – Am 3. Januar beschloß der Aufsichtsrat der Farbenwerke Bayer die Bedingungen der am 12. Oktober 1966 angekündigten Kapitalerhöhung. Es wird erwartet, daß sie im Verhältnis 9:1 bei einem Ausgabepreis von 75 Mark je Aktie vorgenommen wird. Dieser Preis entspricht einem Kurs von 150 Prozent.

Köln – Der erste deutsche Weltraum-Satellit soll Ende 1968 von einer amerikanischen 'Scout'-Rakete in seine Umlaufbahn gebracht werden. Der Forschungssatellit 625A-1, der den Namen 'Azur' erhielt, wiegt 93 kg und soll in etwa 2 Stunden die Erde in einer Ellipse umkreisen. Die nächste Entfernung zur Erde soll 300 km, die weiteste 3 000 km betragen. 'Azur' soll vor allem Messungen der Partikelstrahlung der Sonne durchführen.

Chicago – Ein Protonenbeschleuniger mit einer Leistung von 200 Milliarden Elektronenvolt soll in Weston bei Chicago errichtet werden. Über einen europäischen Protonenbeschleuniger von 300 Milliarden Elektronenvolt wird bei der Europäischen Organisation für Kernforschung (CERN) noch verhandelt. Sein Standort wird möglicherweise in der Bundesrepublik sein.

Zum Abschluß folgt der Börsenbericht. –
Die Aufwärtsbewegung der Kurse, die Mitte Januar begann, ist zum Stillstand gekommen. Eine neue Belebung wird vor allem von einer weiteren Diskontsenkung erwartet. Während sich in der vergangenen Woche die Bank- und Chemie-Aktien gut hielten – der Index verzeichnet ein Ansteigen von 109, 8 auf 111, 3 – gab es Kursrückgänge vor allem bei den Eisen- und Stahlpapieren. Trotz dieser Tendenzen liegen die Kurse insgesamt noch um 9,5% über dem Tiefstand von 96, der am 16. Januar dieses Jahres erreicht war.

Damit, meine Damen und Herren, sind die Nachrichten aus der Wirtschaft beendet. Es ist jetzt 18 Uhr 40. Sie hören uns wieder nächste Woche zur gleichen Zeit. Auf Wiederhören!

Vocabulary

zum Abschluß   *as the final item, to finish with*

Aktie(n)(die)   *share, stock*

ankündigen(sep)   *to announce*

ansteigen(sep)   *to rise, increase*

Anteil(e)(der)   *share, quota, proportion*

Aufsichtsrat(der)   *board of directors*

Aufwärtsbewegung(en)(die)   *upward movement, up-trend*

Ausgabepreis(e)(der)   *issue price*

Band(der)   *volume;* (das)   *tape, ribbon*

bedeuten(insep)   *to mean*

Bedingung(en)(die)   *condition; (pl.) terms*

Belebung(en)(die)   *briskness; stimulation, activity*

benötigen(insep)   *to need, require*

Bericht(e)(der)   *report*

Beschleuniger(-)(der)   *accelerator*

beschließen(insep), -, beschloß, hat beschlossen   *to decide, determine*

Betrag(¨e)(der)   *amount*

betragen(insep), beträgt, betrug, hat betragen   *to amount to*

Bevölkerung(en)(die)   *population*

pro Kopf der Bevölkerung   *per head of population*

Börse(n)(die)   *stock-exchange*

bringen, -, brachte, hat gebracht   *to bring*

brutto   *gross (opposite of* 'netto' = net)

Bruttosozialprodukt(e)(das)   *gross national product, national income*

Bundesrepublik(die)   *Federal Republic*

Diskont(e)(der)   *bank rate*

Diskontsenkung(en)(die)   *lowering of bank rate*

durchführen(sep)   *to carry out, execute*

Durchschnitt(e)(der)   *average; (cross-)section*

durchschnittlich   *average*

einführen(sep)   *to introduce*

Einnahme(n)(die)(usually pl.)   *takings, revenue*

Einnahmerückgang(¨e)(der)   *drop in takings*

Eisen(das)   *iron*

Entfernung(en)(die) zu   *distance from*

entsprechen(insep), entspricht, entsprach, hat entsprochen(+dat)   *to correspond (to)*

Erde(die)   *earth*

erhalten(insep), erhält, erhielt, hat erhalten   *to receive*

Erhöhung(en)(die)   *rise, increase*

sich erhöhen(insep)   *to get higher, rise, increase*

erreichen(insep)   *to reach*

errichten(insep)   *to erect*

erwarten(insep)   *to expect*

etwa   *approximately, roughly, about*

EWG (=Europäische Wirtschaftsgemeinschaft) European Economic Community, i.e. Common Market

Farbe(n)(die)   *colour; paint; dye*

Farbenwerk(e)(das)   *dye-works*

fast   *almost*

Fett(e)(das)   *fat; grease*

Forschung(en)(die)   *research*

gegenüber(+dat)   *opposite; as opposed to*

Gummi(der *or* das)   *rubber*

insgesamt   *in all, a total of, all told*

halten, hält, hielt, hat gehalten   *to hold; stop, halt; keep*

je (*before a noun*)   *each; per*

je Aktie   *per share*

Kern(e)(der)   *nucleus*

Kernforschung(en)(die)   *nuclear research*

Kopf(¨e)(der)   *head (see 'Bevölkerung')*

Kurs(e)(der)   *rate*

Kurzarbeit(die)   *short time (working)*

Leistung(en)(die)   *performance; achievement*

Lohn(¨e)(der)   *wage, pay*

Lohnausfall(¨e)(der)   *lost pay*

Messung(en)(die)   *measurement*

möglicherweise   *possibly*

Nachricht(en)(die)   *item of news*

die Nachrichten(pl.)   *the news (on radio, etc.)*

nächst (*superlative of* nah = near); *next*

Öl(e)(das)   *oil*

Rückgang(¨e)(der)   *falling off, drop*

Rundfunk(der)   *radio*

Schlag(¨e)(der)   *blow, stroke*

sogar   *even (adverb)*

sowie   *as well as*

Standort(e)(der)   *position, site*

Strahlung(en)(die)   *radiation*

Tiefstand(der)   *low point, 'low'*

trotz(+gen)   *in spite of*

umkreisen(insep)   *to circle, orbit*

Umlaufbahn(en)(die)   *orbit*

unter anderem   *among other things; inter alia*

Unternehmen(-)(das)   *enterprise, firm, concern*

vergehen(insep), -, verging, ist vergangen   *to pass away*

in der vergangenen Woche   *last week*

vergleichen(insep), -, verglich, hat verglichen   *to compare*

verglichen mit   *compared with*

Verhältnis(se)(das)   *proportion; ratio, relationship*

verhandeln(insep)   *to negotiate*

veröffentlichen(insep) *to publish*
verzeichnen(insep) *to indicate, show*
vornehmen(sep), nimmt vor, nahm vor, hat
  vorgenommen *to effect*
vor allem, *above all, particularly*
Wachstum(das) *growth, increase*
während (conjunction) *while; (preposition,*
  +gen.) during
Währung(en)(die) *currency*

Weltraum(der) *cosmic space*
auf Wiederhören (*radio, telephone, equivalent of*
  'auf Wiedersehen')
wiegen, -, wog, hat gewogen *to weigh*
Wirtschaft(en)(die) *economy*
Zahl(en)(die) *number, figure*
zeigen *to show*
Zulieferungsindustrie(n)(die) *ancillary industry*

Fragen

A
1. Wann hat die heutige Sendung angefangen?
2. Um wieviel hat sich der Goldanteil in der BRD erhöht?
3. Wieviel Tage Lohnausfall bedeutet Kurzarbeit für die VW-Arbeiter?
4. Welches Bundesministerium veröffentlicht Statistiken über das Bruttosozialprodukt?
5. Ist das deutsche Bruttosozialprodukt im Jahre 1966 gegenüber 1965 gefallen?
6. Um wieviel Prozent wächst die deutsche Industrie jährlich?
7. In welchem Verhältnis will die Firma Bayer ihr Kapital erhöhen?
8. Wann wurde diese Kapitalerhöhung angekündigt?
9. Wird die Umlaufbahn des Forschungssatelliten kreisförmig sein?
10. Wie oft wird der Satellit die Erde in 24 Stunden umkreisen?
11. Welche Leistung hat der Protonenbeschleuniger, der bei Chicago errichtet wird?
12. Um wieviel Elektronenvolt soll der europäische Beschleuniger den amerikanischen übertreffen?
13. Bewegen sich die Kurse immer noch aufwärts?
14. Was haben Bank- und Chemie-Aktien in der letzten Zeit entwickelt?
15. Wie lange dauern die Nachrichten?

B   Write two or three sentences in answer to each of the following:
16. Welchen Einfluß auf die Wirtschaft ist vom Eintritt Großbritanniens in die EWG zu erwarten?
17. Welche Rolle spielt das Volkswagenwerk in der Wirtschaft der Bundesrepublik?
18. Was halten Sie vom jetzigen Stand der Weltraumforschung?
19. Was hat die Kernforschung bisher für das Alltagsleben geleistet?
20. Erklären Sie kurz, was die Börse ist und wie sie arbeitet!

Drills

DRILL 1

Leseübung:
1. 1 Meter ist 100 Zentimeter.
2. 40 Kilometer sind 40 000 Meter.
3. 150 Gramm sind 0, 15 Kilogramm.
4. 60 Minuten sind eine Stunde.
5. 2 Wochen sind ein halber Monat.
6. 50 Prozent sind die Hälfte.

7. 10 Pfennig sind 0, 10 Mark.
8. 8 Kilowatt sind 8 000 Watt.

9. Tausend Millionen sind eine Milliarde.
10. Ein Viertel ist 0,25.

DRILL 2

Beispiel: 1. September 1939   *Antwort:* 1. 9. 1939

Now begin:
1. 1. September 1939
2. 19. August 1967
3. 8. Dezember 1907
4. 4. April 1924
5. 14. Mai 1830

6. 30. Januar 1946
7. 29. Juli 1776
8. 11. März 1950
9. 16. Oktober 1984
10. 3. Juni 1916

DRILL 3

Beispiel: H_2O *Antwort:* H_2O ist die Formel von Wasser

Now begin:
1. H_2O
2. CO_2
3. H_2SO_4
4. $CaCO_2$
5. Fe_3O_4

6. $NcCl$
7. Pb
8. Hg
9. CaO
10. Cu_2Cl_2

DRILL 4   Percentages

Beispiel: Drei Viertel der Bevölkerung   *Antwort:* Fünfundsiebzig Prozent der Bevölkerung

Now begin:
1. *Drei Viertel* der Bevölkerung
2. *Die Hälfte* der Lastwagen
3. *Über ein Zehntel* der Schrauben
4. *Ein Viertel* aller Elemente
5. *Drei Fünftel* davon sind unbrauchbar

6. *Zwei von Hundert* sind durchgefallen
7. *Weniger als die Hälfte*
8. *Ein Hundertstel* Unterschied
9. *Jeder Vierte* hat gewählt
10. *Mehr als drei Viertel* ist Leichtmetall

DRILL 5   Multiplication

Beispiel: Es waren 12 Stück. Zehnmal soviel?   *Antwort:* Hundertzwanzig Stück.

Now begin:
1. Es waren zwölf Stück. Zehnmal soviel?
2. Er fuhr 90 km/h. Halb so schnell?
3. Es herrschte 100 Grad Kälte. Ein Grad weniger?
4. Das Erz hat 20% Eisengehalt. Doppelt soviel?
5. Kobalt schmilzt bei 1490 Grad. Ein Hundertstel?
6. Die Lampe hat 25 Watt. 15 Watt mehr?
7. Die Reaktion dauert 7 Sekunden. Das Hundertfache?
8. Unser Körper besteht zu 65% aus Wasser. 5% mehr?
9. Die Formel steht auf Seite 149. Zwei Seiten weiter?
10. München hat über 1 Million Einwohner. 200 000 mehr?

DRILL 6   Cardinal + Ordinal Numbers

Beispiel: Band 33   *Antwort:* (der dreiunddreißigster) Band.

Now begin:
1. Band 33   6. Seite 92
2. Film Nummer 7   7. Übung 11
3. Fortsetzung 100   8. Abschnitt 3
4. Bild 19   9. Zeile 45
5. Gruppe 47

DRILL 7   The Time

Beispiel: Es ist jetzt halb sieben.   *Antwort:* Also um sieben Uhr?
Ich gehe in einer halben Stunde.

Now begin:
1. Es ist jetzt halb sieben.   5. Es ist jetzt zwanzig vor acht.
   Ich gehe in einer halben Stunde.   Die Arbeit beginnt in genau zwanzig
2. Es ist jetzt zehn vor zwölf.   Minuten.
   Die Maschine startet in zwanzig Minuten. 6. Es ist jetzt 22. 07 Uhr.
3. Es ist jetzt punkt neun.   Die Nachrichten hören Sie in drei Minuten.
   Die Ausstellung öffnet in zwei Stunden. 7. Es ist jetzt halb eins.
4. Es ist jetzt 10. 30 Uhr.   In einer halben Stunde ist Mittagspause.
   Die Ausstellung hat vor zwei Stunden
   geöffnet.

DRILL 8   Fractions

Beispiel: Eins geteilt durch drei.   *Antwort:* Das ist ein Drittel.

Now begin:
1. Eins geteilt durch drei.   6. Eins geteilt durch zweihundertfünfzig.
2. Zwei geteilt durch siebzehn.   7. Drei geteilt durch vier.
3. Sieben geteilt durch hundertneun. 8. Eins geteilt durch eins.
4. Zwölf geteilt durch elf.   9. Eins geteilt durch hundertfünfzig.
5. Sechs geteilt durch zwei.   10. Sieben geteilt durch sechzehn.

DRILL 9   Various Numbers

Leseübung:

1. Die Bundesrepublik hat etwa 60 000 000   6. 1 Milliarde ist gleich 10^6.
   Einwohner.   7. 14, 3 Millionen DM wurden dafür
2. Bei 5400 U/min leistet der Motor 130 PS.   ausgegeben.
3. Der Physiker Ohm lebte von 1787–1854.   8. Ein Fernsehbild hat 625 Zeilen.
4. Der Wirkungsgrad beträgt nur 37,5%.   9. Das Geld wird zum Kurs von 1:6
5. 1 kg ist die Masse von 1dm^3 Wasser bei   umgetauscht.
   4° C.   10. Der Umfang des Kreises ist $2\pi r$

Reading Passage   *Die Entwicklung der Biochemie*

Die Biochemie ist eine verhältnismäßig junge Wissenschaft. Sie geht bei allen Forschungen von dem Axiom aus, daß die chemischen Vorgänge innerhalb eines lebenden Organismus grundsätzlich denen der unbelebten Materie gleichen. Die Biochemie versucht daher, eine vollständige Beschreibung des Lebens auf molekularer Grundlage zu geben. Dabei wird nicht nur die chemische Zusammensetzung der Zelle und ihrer Substanzen (wie Kohlehydrate,   5
Lipoide, Proteine und Hormone) untersucht, sondern auch der Ablauf von Stoffwechsel-prozessen (wie Atmung oder Photosynthese).

Die Biochemie hat erst im letzten Jahrhundert ihre heutigen Grundlagen entwickelt. Zwar hatte schon gegen Ende des 18. Jahrhunderts der Franzose Lavoisier eine Ähnlichkeit zwischen der chemischen Oxydation und dem Atmungsvorgang festgestellt, doch herrschte bis   10
ins 19. Jahrhundert die Überzeugung vor, daß der lebende Organismus chemischen und physikalischen Gesetzen nicht unterworfen sei.

Einen wichtigen Beweis gegen diese 'vitalistische' Theorie, die das Vorhandensein eines besonderen 'Lebensstoffes' annahm, lieferte der deutsche Chemiker Wöhler im Jahre 1828: es gelang ihm, Harnstoff synthetisch zu gewinnen.   15

Heute nimmt die Biochemie in mancher Hinsicht eine Schlüsselstellung zwischen reiner Forschung und angewandter Wissenschaft ein. Besonders für die Medizin (Bakteriologie und Hormonforschung), für die pharmazeutische Industrie und für die Landwirtschaft sind ihre Ergebnisse von großer Bedeutung.

Seit Mitte des 20. Jahrhunderts ist jedoch die Genetik der interessanteste Zweig der Bio-   20
chemie. Im Verlauf der letzten Jahre gelang es, den 'genetischen Code', also die Grundlagen von Speicherung und Weitergabe von Erbeigenschaften teilweise zu entziffern.

Dabei erwies sich die Anordnung der Aminosäurefolge in den Doppelspiralen der Desoxyri-bonukleinsäure (DNS) im Zellkern als entscheidend. Die hier gespeicherten Informationen werden über die Ribonukleinsäure (RNS) als 'Botensubstanz' in das Zellplasma übertragen.   25
Von dort steuern sie über ein kompliziertes System den Eiweißaufbau und den Stoffwechsel.

Bei der Aufklärung dieser Zusammenhänge spielt die Virusforschung eine wichtige Rolle. Viren sind wesentlich einfacher gebaut als pflanzliche und tierische Organismen. Ihre Nuklein-säuren enthalten daher nicht so viele Informationen. Viren sind daher – so hat man gesagt – für den Biologen von ebenso elementarer Bedeutung wie die Atome für den Physiker.   30
Während dieser von den Eigenschaften einzelner Atome Schlüsse auf den ganzen Kosmos zieht, nähert sich der Virus-Forscher den biochemischen Prozessen, durch die das Leben überhaupt entstanden sein könnte.

Grammar   **Reading figures**

This unit assumes previous knowledge of German numbers as such. The ability to read figures fluently, however, comes only with practice, and the following points should be borne in mind:

1.   A comma (*Komma*) represents the decimal point; e.g. 7,5 (read *sieben Komma fünf*).

2.   A gap represents an English comma, e.g. 3 000 (read *dreitausend*); 1 378 042 (read *eine Million dreihundertachtundsiebzigtausend zweiundvierzig*)

3. A full stop indicates an ordinal number, e.g. der 12. Oktober (read *der zwölfte Oktober*); am 23. Januar (read *am dreiundzwanzigsten Januar*).

4. *Fractions* are handled as follows:

$\frac{1}{2}$ *Tonne*   – read *eine halbe Tonne*

$1\frac{1}{2}$ *Tonnen*   – read *eineinhalb Tonnen* or *anderthalb Tonnen*

$2\frac{1}{2}$ *Tonnen*   – read *zweieinhalb Tonnen*

$\frac{1}{4}$ *Stunde*   – read *eine Viertelstunde*

$\frac{3}{4}$ *Stunde*   – read *eine Dreiviertelstunde*

$\frac{1}{3}$ – read *ein Drittel* (neuter)

$\frac{2}{3}$ – read *zwei Drittel*

$\frac{1}{5}$ – read *ein Fünftel*

$\frac{1}{8}$ – read *ein Achtel*

$2\frac{1}{4}$ – read *zweieinviertel*

5. *Telephone numbers* are spaced, giving an idea of how they are to be read. The unit 2 is invariably read **zwo**, to avoid confusion with *drei*, e.g. 23 61 02 is read *dreiundzwanzig einundsechzig Null zwo*.

Strong (and irregular weak) verbs

N.B. 1. Only 3rd person sing. is given, unless otherwise indicated;
2. Sep. or insep. verbs are not given as such—only the simple verb is given;
3. A dash (—) indicates the form is regular.

INFINITIVE	PRESENT	IMPERFECT	PERFECT
beginnen–*begin*	—	begann,	hat begonnen
biegen–*bend*	—	bog,	hat gebogen
binden–*tie*	—	band,	hat gebunden
bitten–*ask*	—	bat,	hat gebeten
bleiben–*stay*	—	blieb,	*ist* geblieben
brechen–*break*	bricht,	brach,	hat gebrochen
brennen–*burn*	—	brannte,	hat gebrannt
bringen–*bring*	—	brachte,	hat gebracht
denken–*think*	—	dachte,	hat gedacht
dürfen–(*be allowed*)	ich, er, darf, du darfst,	durfte,	hat gedurft
empfehlen–*recommend*	empfiehlt,	empfahl,	hat empfohlen
essen–*eat*	du, er ißt,	aß,	hat gegessen
fahren–*travel*	fährt,	fuhr,	*ist* gefahren
fallen–*fall*	fällt,	fiel,	*ist* gefallen
fangen–*catch*	fängt,	fing,	hat gefangen
finden –*find*	—	fand,	hat gefunden
fliegen–*fly*	—	flog,	*ist* geflogen
frieren–*freeze*	—	fror,	hat gefroren
geben–*give*	gibt,	gab,	hat gegeben
gehen–*go*	—	ging,	*ist* gegangen
gelingen–*succeed*	—	gelang,	*ist* gelungen
genießen–*enjoy*	—	genoß,	hat genossen
gleichen–*equal*	—	glich,	hat geglichen
haben–*have*	hat,	hatte,	hat gehabt
halten–*hold*	du hältst, er hält,	hielt,	hat gehalten
heben–*raise*	—	hob,	hat gehoben
heißen–*be called*	—	hieß,	hat geheißen
kennen–*know*	—	kannte,	hat gekannt
kommen–*come*	—	kam,	*ist* gekommen
können–*be able*	ich, er kann, du kannst,	konnte,	hat gekonnt
klingen–*ring*	—	klang,	hat geklungen
laden–*load*	lädt,	lud,	hat geladen
lassen–*let*	du, er läßt,	ließ,	hat gelassen
laufen–*run*	läuft,	lief,	*ist* gelaufen
lesen–*read*	du, er liest,	las,	hat gelesen
liegen–*lie*	—	lag,	hat gelegen

INFINITIVE	PRESENT	IMPERFECT	PERFECT
messen–*measure*	mißt,	maß	hat gemessen
mögen–*like*	ich, er mag, du magst,	mochte,	hat gemocht
müssen–*have to*	ich, er muß, du mußt,	mußte,	hat gemußt
nehmen–*take*	nimmt,	nahm,	hat genommen
nennen–*name*	—	nannte,	hat genannt
raten–*advise*	du rätst, er rät,	riet,	hat geraten
reißen *tear*	- -	riß,	hat gerissen
rufen–*call*	—	rief,	hat gerufen
scheiden–*separate*	—	schied,	hat geschieden
scheinen–*seem*	—	schien,	hat geschienen
schieben–*push*	—	schob,	hat geschoben
schießen–*shoot*	—	schoß,	hat geschossen
schlafen–*sleep*	schläft,	schlief,	hat geschlafen
schlagen–*beat*	schlägt,	schlug,	hat geschlagen
schließen–*shut*	—	schloß,	hat geschlossen
schneiden–*cut*	—	schnitt,	hat geschnitten
schreiben–*write*	—	schrieb,	hat geschrieben
schweigen–*be silent*	—	schwieg,	hat geschwiegen
sehen–*see*	sieht,	sah,	hat gesehen
sein *be*	ich bin, du bist, er ist, wir, sie sind, ihr seid,	war,	*ist* gewesen
sitzen–*sit*	du, er sitzt,	saß,	hat gesessen
sollen–*be supposed to*	ich, er soll, du sollst,	sollte,	hat gesollt
sprechen–*speak*	spricht,	sprach,	hat gesprochen
stehen–*stand*	—	stand,	hat gestanden
steigen–*climb*	—	stieg,	*ist* gestiegen
tragen–*carry*	trägt,	trug,	hat getragen
treffen–*meet*	trifft,	traf,	hat getroffen
treiben–*drive*	—	trieb,	hat getrieben
treten–*step*	du trittst, er tritt,	trat,	*ist* getreten
trinken–*drink*	—	trank,	hat getrunken
tun–*do*	du tust, er tut,	tat,	hat getan
vergessen–*forget*	du, er vergißt,	vergaß,	hat vergessen
wachsen–*grow*	du, er wächst,	wuchs,	*ist* gewachsen
weisen–*point*	—	wies,	hat gewiesen
werden–*become*	du wirst, er wird,	wurde,	*ist* geworden
werfen–*throw*	wirft,	warf,	hat geworfen
wiegen–*weight*	—	wog,	hat gewogen
wissen–*know*	ich, er weiß, du weißt,	wußte,	hat gewußt
wollen–*want*	ich, er will, du willst,	wollte,	hat gewollt
ziehen–*pull*	—	zog,	hat gezogen